Das

Sachsen

Kochbuch

REGIONALIA
VERLAG

Das Sachsen Kochbuch

3. Auflage 2021

Copyright © 2019 Regionalia Verlag,
ein Imprint der Kraterleuchten GmbH,
Gartenstraße 3, 54550 Daun

Alle Rechte vorbehalten

Gestaltung, Satz und Layout: Björn Pollmeyer
Illustrationen: iStock / © la_puma

Gedruckt in der Europäischen Union, Finidr, CZ

ISBN 978-3-95540-209-9

www.regionalia-verlag.de

Inhalt

Eintöpfe und Suppen

Klöße und Beilagen

Fleischgerichte und Braten

Gerichte mit Fisch

Kuchen und Torten

Desserts

Register

Vorwort

Die sächsische Küche besticht durch herzhafte, teilweise deftige, aber auch raffinierte und feine Gerichte. Natürlich gibt es nicht die sächsische Küche, genauso wenig, wie es eine einheitliche deutsche Küche gibt. Die Essgewohnheiten und Rezepte sind aus verschiedenen regionalen Traditionen und Einflüssen entstanden, die natürlich auch über die Landesgrenzen hinaus wirken. So sind beispielsweise viele Gerichte im Vogtland beeinflusst durch die jeweilige Küche der Nachbarregionen Thüringen, Franken und Böhmen. Eine Besonderheit ist sicherlich die variantenreiche und hochwertige Auswahl an Back- und Konditoreiwaren, die man überall in Sachsen genießen kann.

Über die Landesgrenzen hinaus kennt jeder den berühmten Dresdner Stollen, aber die Region hat weitaus mehr an kulinarischen Köstlichkeiten zu bieten.

Als die BRD und die DDR 1990 nach dem Mauerfall wieder zu einem Land wurden, gab es nicht nur geografisch, sondern auch kulinarisch eine Wiedervereinigung.

So hielten die für Ostdeutschland typischen Gerichte wie Sächsische Wickelklöße, Sächsische Quarkkeulchen, Leipziger Allerlei oder Dresdner Eierschecke schnell Einzug in die alten Bundesländer.

In diesem Buch finden Sie neben den für die ostdeutsche Region typischen Rezepten auch viel Interessantes über Sachsen und seine wunderschönen und vielfältigen Landschaften.

Viel Spaß bei der »Reise« durch Sachsen, beim Nachkochen der Gerichte und natürlich guten Hunger!

Der Freistaat Sachsen

Sachsen, im Osten Mitteldeutschlands gelegen, kann auf eine lange, abwechslungsreiche und bewegte Geschichte zurückblicken.

Dabei sind die heutigen Bewohner des Freistaates eigentlich gar keine Sachsen, also Nachfahren des gleichnamigen germanischen Stammes; denn diese leben heute in Niedersachsen.

So gesehen müssten die Menschen in Sachsen (heute ein Gebiet an der oberen Mittelelbe, in der südlichen Lausitz und im Erzgebirge) im Grunde »Meißner« heißen, da die Mark Meißen die Wiege des heutigen Freistaates Sachsen ist. Ursprünglich von germanischen Stämmen besiedelt, entwickelt sich das Gebiet im Laufe der Zeit zu einem der reichsten deutschen Länder. Meist in Folge von Kriegen gewann und verlor Sachsen mehrfach große Teile von territorialen Gebieten, aber auch an Bevölkerung.

Schließlich waren es die Sachsen, die mit couragierten Demonstrationen u. a. in Leipzig, Plauen und Dresden den Weg zur friedlichen Wiedervereinigung Deutschlands möglich machten.

Weltberühmte Sehenswürdigkeiten wie die Semperoper in Dresden oder die Nikolaikirche in Leipzig, aber auch Besuchermagnete wie die Leipziger Buchmesse und das Bachfest sowie viele weitere historische Sehenswürdigkeiten sind Beweise für die kulturelle Vielfalt des Freistaates.

Und das nicht nur in der Landeshauptstadt Dresden oder den kreisfreien Städten Leipzig und Chemnitz. Auch das Erzgebirge mit seinen herrlichen Landschaften und den kleinen Dörfern, das Vogtland oder die Sächsische Schweiz haben, neben vielen anderen sächsischen Regionen, ihren unverwechselbaren Charme und ziehen jährlich unzählige Besucher in ihren Bann.

Dresden

Dresden

Das geschichtsträchtige und kulturreiche Dresden liegt in einem weiten Talkessel der oberen Elbe und verzaubert Besucher aus der ganzen Welt mit seinen eindrucksvollen Baudenkmälern und reichen Kunstschätzen. International bedeutende Museen und Sammlungen haben über die Jahrhunderte Dresdens Ruf als Kunststadt geprägt, der sich auch in dem schmückenden Beinamen »Elbflorenz« widerspiegelt. Über eine halbe Million Einwohner lebt mittlerweile in der Landeshauptstadt des Freistaates Sachsen, die mit vier Naturschutz- und elf Landschaftsschutzgebieten zu den grünsten Großstädten Europas zählt.

Die Stadt Dresden hat so viele Sehenswürdigkeiten zu bieten, dass diese hier selbstverständlich nicht alle erwähnt werden können.

Ein Muss für Menschen mit Interesse an Kunst und Architektur ist die historische Altstadt, die am linken Elbufer liegt. Hier sind die berühmtesten Bauwerke und Sehenswürdigkeiten wie Zwinger, Schloss und Gemäldegalerie versammelt und können heute wieder von den Besuchern bewundert werden. Dem voraus geht ein jahrzehntelanger, aufwendiger Wiederaufbau, da die historische Altstadt bei einem verheerenden Luftangriff am Ende des Zweiten Weltkriegs im Februar 1945 bis auf einige wenige Bauwerke vollständig zerstört wurde.

Das wohl bekannteste Bauwerk, das dem Feuersturm, der dem Bombenangriff folgte, zum Opfer fiel, ist die Dresdner Frauenkirche mit ihrem barocken Kuppelbau. Erst nach der Wende wurde mit dem Wiederaufbau des protestantischen Sakralbaus, der auf eine tausendjährige Geschichte zurückblickt, begonnen. Der prägende Monumentalbau des Dresdner Neumarkts, ursprünglich »Kirche Unserer lieben Frau« genannt, bestimmte zu DDR-Zeiten als Ruine das Stadtbild und wurde ein Mahnmal gegen Krieg und Zerstörung.

Ende 2005 konnte mit einem großen Festakt der Abschluss des Wiederaufbaus gefeiert werden, der dank großzügiger Spenden aus Deutschland und der ganzen Welt überhaupt erst möglich geworden war. Heute hat die Kirche ihren alten Glanz wiedererlangt und prägt als Wahrzeichen der Stadt wieder das Bild von Dresden.

Entlang des altstädtischen Elbufers lassen sich viele weitere interessante Bauwerke und Kultureinrichtungen bestaunen. So wird der Theaterplatz dominiert von der 1878 eröffneten weltberühmten Semperoper, einem traditionsreichen Veranstaltungsort. Benannt wurde sie nach ihrem Architekten Gottfried Semper, der bereits zuvor ein Hoftheater erbaut hatte, das näher am Schloss lag, jedoch 1869 durch einen Brand zerstört wurde.

Der Zwinger, ein in der Welt einzigartiges Meisterwerk höfischen Barocks, befindet sich in direkter Nähe der Oper. Der imposante Gebäudekomplex mit Gartenanlagen war nie als Residenz gedacht, sondern diente allein den repräsentativen Ansprüchen Augusts des Starken.

Mit seiner berühmten Gemäldegalerie der Alten Meister, bis hin zur Schatzkammer der Kurfürsten und Könige, dem weltbekannten Grünen Gewölbe sowie diversen weiteren Sammlungen und Ausstellungen ist der Zwinger allein schon eine Reise nach Dresden wert.

Auch die Neustadt, am rechten Elbufer gelegen, hat für Besucher vieles zu bieten. Von der Altstadt über die Augustusbrücke erreicht man den Neustädter Markt mit dem Reiterstandbild Augusts des Starken.

Entdecken Sie das Barockviertel rund um die Königsstraße, die Neustädter Markthalle oder das Japanische Palais. Zur Elbe hin erstrecken sich schöne Parkanlagen, von denen aus man den Canaletto-Blick genießen kann.

Am Altmarkt und auch an der Prager Straße finden sich viele Einkaufszentren, gastronomische und kulturelle Einrichtungen, die das Bild einer vielseitigen Stadt vervollkommnen.

In rund 30 Kilometern Entfernung von Dresden liegt die Stadt Meißen.

Meißen

Meißen, auch die Wiege Sachsens genannt, ist in der ganzen Welt für die Herstellung des Meißner Porzellans bekannt. Neben der Porzellanherstellung ist die malerische Stadt an der Elbe von einem historischen Stadtbild und der Weinlandschaft des Elbtals geprägt. Die über 1000-jährige vielfältige Stadtgeschichte spiegelt sich besonders in der Altstadt wider. Am Markt, auf dem Heinrichsplatz, in den verwinkelten Gassen können Interessierte viele Sehenswürdigkeiten entdecken. Das Stadtmuseum ist im ehemaligen Franziskanerkloster inmitten der Altstadt zu finden. Die Klosterkirche ist heute ein Ausstellungs- und Veranstaltungsort. Entdecken Sie die Albrechtsburg, die als erster Schlossbau Deutschlands gilt und eines der bekanntesten spätgotischen Architekturdenkmäler ist.

Die Höhenburg, die zunächst als Residenz vorgesehen war, thront majestätisch über dem malerischen Elbtal und beherbergt heute ein Museum. Gemeinsam mit dem direkt danebenliegenden Meißner Dom und seinen markanten Domtürmen prägt sie die Silhouette der über tausend Jahre alten Stadt Meißen. Architektur-Interessierte können auf der Denkmalroute bei einem architektonischen Stadtbummel durch die Altstadt rund fünfundzwanzig Meißner Baudenkmäler und ihre Geschichten kennenlernen.

Die Albrechtsburg in Meißen

Auch für die Geselligkeit wird genügend geboten, denn das ganze Jahr über finden zahlreiche Feste in Meißen statt und die Stadt präsentiert sich den Besuchern auf vielfältige Weise. Hervorzuheben sind hier zum Beispiel die Lange Nacht der Kunst und Kultur, das Literaturfest, der Töpfermarkt und natürlich das Weinfest.

Für Naturfreunde ist die Erkundung der reizvollen Landschaft um Meißen besonders empfehlenswert. Hierfür bieten sich Ausflugstouren auf dem Elberadweg ebenso an wie eine Fahrt mit der Sächsischen Dampfschifffahrt, der größten Raddampferflotte Europas.

Besuchen Sie Radebeul, das 15 Kilometer von Meißen und 11 Kilometer von Dresden entfernt ist.

Radebeul

Radebeul, in der Lößnitz zwischen Weinhängen und rechts des Elbtalkessels gelegen, vereint auf einzigartige Weise Wein-, Kultur- und Naturerlebnisse, weshalb die Stadt auch »Sächsisches Nizza« genannt wird. Die malerische Landschaft und der Facettenreichtum dieser vielseitigen Stadt, die als das Herzstück der Sächsischen Weinstraße gilt, laden zu Entdeckungstouren ein.

Für Bewegungsfreudige gilt es, die wunderschöne Lößnitzlandschaft auf ausgiebigen Wanderungen zu entdecken. Denn viele Wege durch Radebeul führen durch grüne Elbauen bis zu den Höhen der Weinberge, durch historische Dorfanger und wildromantische Wälder.

In Radebeul schrieb Karl May seine berühmten Heldengeschichten von Winnetou und Old Shatterhand; und so können sich Besucher heute auf den Spuren des berühmten Schriftstellers bewegen und die Orte seines Wirkens besuchen. Im Karl-May-Museum, das im ehemaligen Wohnhaus des Autors errichtet wurde, besichtigen die Besucher einerseits die Wirkungsstätte des sächsischen Schriftstellers und erhalten andererseits Einblicke in die Kultur und das Leben nordamerikanischer Indianer. Die jährlich stattfindenden Karl-May-Festtage erwecken seine Werke zu neuem Leben. Sie verwandeln die malerische Region für drei Tage in ein Abenteuerland mit Westerncamps, Siedlungen und orientalischem Basar.

Altkötzschenbroda (ein Stadtteil Radebeuls) liefert mit seinen kulturellen und kulinarischen Köstlichkeiten Genussvolles für Leib und Seele. Zwischen wunderschönen Fachwerkbauten bieten Künstlerateliers, Galerien und kleine Läden dem Besucher alles, was das Herz begehrt. In zahlreichen Restaurants, gemütlichen Cafés und urigen Kneipen können Hungrige und Durstige in besonderer Atmosphäre das jeweilige Angebot genießen.

Auch auf den vielen Weingütern und in Straußwirtschaften, die man gut auf Wanderrouten und Radtouren kennenlernen kann, werden ausgewählte, regionale Köstlichkeiten sowie herrliche Weine angeboten. Gleichzeitig erfahren Interessierte mehr über das Weinanbaugebiet.

Weinberg mit Spitzhaus bei Radebeul

Das ganze Jahr über haben Besucher die Möglichkeit, sich bei rauschenden Festen von Theater, Musik und Kunst begeistern zu lassen.

Von Radebeul rund 45 Kilometer und von Dresden rund 28 Kilometer entfernt liegt die Stadt Pirna.

Pirna

Pirna wurde 1233 in einer Urkunde von Bischof Heinrich von Meißen erstmalig erwähnt. Eingebettet in die Landschaft des Dresdner Elbtals und des Elbsandsteinmassivs ist die Stadt das Tor zum Nationalpark Sächsische Schweiz.

Die schöne historische Altstadt mit ihren aufwendig verzierten Bürgerhäusern ist Zeugnis einer ehemals wohlhabenden Handelsstadt. Eine vielfältige Vergangenheit trifft hier auf eine abwechslungsreiche Gegenwart. Pirna ist reich an Architekturgeschichte und heute, nach umfangreicher und komplett abgeschlossener Sanierung, unbedingt sehenswert. Ob die spätgotische Marienkirche, Teufels- oder Engelserker, das Canaletto-Haus, das wunderschöne Rathaus aus dem 16. Jahrhundert oder die Festung Sonnenstein mit den Terrassengärten am Schlossberghang – in Pirna gibt es viel zu entdecken.

Nach Freiberg sind es von Pirna etwa 58 Kilometer und von Dresden rund 38 Kilometer.

Freiberg

Die Universitätsstadt Freiberg, deren Geschichte eng mit dem Bergbau verbunden ist, besitzt aus ihrer langjährigen Geschichte mehr als 1200 (!) Kulturdenkmäler, wobei sich rund die Hälfte davon im historischen, denkmalgeschützten Altstadtkern befindet. Bauwerke vor allem aus dem 15. und 16. Jahrhundert, wunderschöne Bürgerhäuser, mehrere Kirchen, der Freiberger Dom und die imposante Schlossanlage werden heute noch teilweise von der alten Stadtmauer umschlossen.

Silbererzfunde begründeten den Reichtum der Stadt, und so prägten Bergbau und Hüttenwesen über Jahrhunderte hinweg die Region.

Dementsprechend sind auch heute noch vielfach Industrieanlagen und Haldenlandschaften in und um Freiberg zu finden. Beeindruckend ist ein Ausflug in das Freiberger Besucherbergwerk, eines der größten und ältesten in Sachsen. Auf verschiedenen Routen in einer Tiefe von bis zu 180 Metern kann man die Geschichte des Bergbaus vom 14. bis 20. Jahrhundert erleben. Historische Bauten aus der Gründerzeit und der Epoche des Jugendstils erweitern das Stadtbild außerhalb der Altstadt. Kulturell ist die Stadt sowohl von gepflegten Traditionen als auch vom Zeitgeist geprägt. So findet seit den letzten Jahrzehnten ein Strukturwandel zum Hochtechnologiestandort statt. Neben einer Vielzahl kultureller Möglichkeiten offerieren Freizeit- und Sporteinrichtungen ein vielfältiges Angebot für jede Altersgruppe. Empfehlenswert ist auch ein Besuch in Deutschlands größter Mineralienschau »terra mineralia«, die im historischen Ambiente von Schloss Freudenstein präsentiert wird.

Servieren Sie der Familie ...

... und Ihren Gästen köstliche Gerichte, typisch sächsisch. Lassen Sie sich überraschen, welche Köstlichkeiten die folgenden Rezepte für Sie bereithalten.

Vorspeisen, Salate und Leckeres für den kleinen Hunger

Herzhafte Bratäpfel

Für 4 Personen

Zubereitungszeit
30 Minuten

Backzeit
25 Minuten

Zutaten
300 g Blutwurst
4 säuerliche Äpfel
1 Schalotte
1 EL Öl
einige Butterflöckchen

1. Die Blutwurst von der Pelle befreien und in Scheiben schneiden. Die Äpfel waschen und das obere Drittel als Deckel abschneiden. Mit einem Ausstecher das Kerngehäuse großzügig ausstechen. Die Schalotte schälen und in feine Würfel schneiden.

2. Das Öl in einer Pfanne erhitzen und die Schalottenwürfel darin glasig andünsten. Die Blutwurst dazugeben, leicht anrösten und schmelzen lassen. Den Backofen auf 200 °C vorheizen.

3. Die Äpfel in eine feuerfeste Form setzen und jeweils mit der Blutwurstmasse befüllen, die Apfeldeckel aufsetzen und mit den Butterflöckchen belegen. Im Backofen etwa 25 Minuten garen lassen.

Die gefüllten Äpfel auf flachen Tellern anrichten und mit Kartoffelpüree oder einem kräftigen Brot servieren.

Speckpfannkuchen

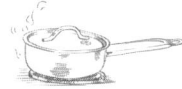

I. Die Eier in einer Schüssel aufschlagen und mit der Milch verquirlen. Das gesiebte Mehl nach und nach unter die Eimischung rühren, Salz und Backpulver dazugeben. Der Teig sollte dünnflüssig sein. Ist er zu dick, noch etwas Wasser unterrühren. Den Teig 20 Minuten ruhen lassen und anschließend nochmals kräftig durchrühren.

2. Den Speck in feine Streifen schneiden und portionsweise in einer Pfanne in heißem Butterschmalz kurz anrösten. Den Teig ebenfalls portionsweise mit Hilfe einer Schöpfkelle zu dem Speck in die Pfanne geben und von beiden Seiten goldgelb braten. Die fertigen Pfannkuchen warm stellen, bis der gesamte Teig und Speck verbraucht ist.

Die Pfannkuchen warm mit der Petersilie bestreut servieren. Dazu einen grünen Salat reichen.

Zubereitungszeit
10 Minuten
(ohne Wartezeit)

Bratzeit
3 Minuten je Pfannkuchen

Zutaten
3 Eier
500 ml Milch
300 g Mehl
Salz
1 Msp. Backpulver
150 g magerer Speck,
ohne Schwarte
2–3 EL Butterschmalz
1 EL gehackte Petersilie

Für 4 Personen

Eiersalat

Zubereitungszeit
15 Minuten
(ohne Wartezeit)

Kochzeit
8–10 Minuten

Zutaten
8 Eier
Salz
Pfeffer
1 Prise Zucker
200 g Mayonnaise
1 Msp. scharfer Senf
1 EL Sahne
1 EL Schnittlauchröllchen

1. Die Eier wie gewohnt hart kochen. Mit kaltem Wasser abschrecken, pellen und in kleine Stücke schneiden. In einer Schüssel mit Salz, Pfeffer und Zucker würzen. Die Mayonnaise mit Senf und Sahne verrühren und unter die Eier mischen. Den Salat für etwa zwei Stunden im Kühlschrank ziehen lassen.

2. Den Eiersalat abschmecken und ggf. nachwürzen. Vor dem Servieren in eine Servierschüssel umfüllen und mit dem Schnittlauch garniert servieren. Dazu frisches Brot reichen.

Kräuterrührei

Für 4 Personen

1. Die Kräuter waschen, trocken schütteln und fein schneiden. Die Zwiebel schälen und in feine Würfel schneiden.

Zubereitungszeit
10 Minuten

2. Die Eier in einer Schüssel aufschlagen und mit der Sahne gut verquirlen. Mit Salz, Pfeffer und der Hälfte des Käses vermengen, die Kräuter unterrühren.

Kochzeit
5 Minuten

3. Die Butter in einer Pfanne erhitzen und die Zwiebel darin goldgelb anrösten. Die Eiermasse einfüllen und bei schwacher Hitze langsam stocken lassen. Hin und wieder verrühren. Kurz vor dem Ende der Garzeit restlichen Käse darüber geben und etwas schmelzen lassen.

Zutaten

125 g Kräuter (nach Belieben, z. B.: Sauerampfer, Zitronenmelisse, Schnittlauch, Petersilie, Estragon, Kerbel, Thymian, Basilikum)

Das Kräuterrührei auf Tellern portionieren und mit einem grünen Salat und frischem Brot servieren.

1 Zwiebel
8 Eier
2 EL Sahne
Salz
Pfeffer
100 g geriebener Käse
2 EL Butter

Für 4 Personen

Fratzen

Zubereitungszeit
30 Minuten

Bratzeit
einige Minuten

Zutaten
1 kg Kartoffeln,
mehlig kochend
200 g Quark
50 g Mehl
2 Eier
Salz
Muskatnuss
Öl

Außerdem
Apfelmus als Beilage

1. Die Kartoffeln schälen, waschen und reiben. Die entstandene Flüssigkeit abgießen und die Kartoffeln etwas ausdrücken. Die Kartoffeln mit Quark, Mehl, Eiern, Salz mischen, mit Muskatnuss würzen und gut verrühren. Wenn der Kartoffelteig zu flüssig ist, noch etwas Mehl untermischen.

2. Reichlich Öl in einer Pfanne erhitzen und die Fratzen portionsweise, mithilfe einer Schöpfkelle, in das heiße Fett geben und darin von beiden Seiten knusprig, goldbraun ausbraten. Die bereits fertig gebackenen Fratzen auf Küchenkrepp abtropfen lassen und warm stellen, bis der gesamte Teig aufgebraucht ist.

Dann sofort zu Tisch bringen und mit Apfelmus servieren.

Tipp

Die Fratzen beim Backen erst wenden, wenn eine Seite bereits gut angebraten und fest ist, sonst fallen sie beim Wenden auseinander. Sie können den Fratzen auch, je nach Geschmack, weitere Zutaten, z. B. Schinken, Speck, Zwiebeln und Kräuter, zufügen.

Verlorene Eier in Senfsoße

Für 4 Personen

Zubereitungszeit
20 Minuten

Kochzeit
4–5 Minuten

Zutaten
20 g Butter
20 g Mehl
250 ml Gemüsebrühe
125 ml Milch
Senf, scharf oder
mittelscharf (Menge nach
Geschmack)
Salz
Pfeffer
1 Schälchen Kresse
4 EL Essig
8 Eier

1. Die Butter in einem Topf schmelzen und das Mehl darin anschwitzen. Brühe und Milch einrühren und aufkochen. Die Hitze reduzieren, mit Senf, Salz und Pfeffer abschmecken. Kresse vom Beet schneiden (etwas zum Garnieren beiseite stellen) und zur Soße geben. Die Soße warm halten.

2. Etwa 1 Liter Salzwasser mit dem Essig aufkochen, die Eier einzeln in eine Kelle schlagen und vorsichtig in das Essigwasser gleiten lassen. Bei schwacher Hitze etwa 4–5 Minuten garen. Mit einer Schaumkelle herausnehmen und abtropfen lassen.

Eier und Senfsoße auf Tellern anrichten und mit übriger Kresse bestreut servieren. Dazu schmeckt Kartoffelpüree.

Sächsischer Speckkuchen

Für 4 Personen

1. Das gesiebte Mehl mit Zucker und Salz in einer Schüssel mischen. In die Mitte eine Mulde drücken. Hefe und 5 Esslöffel lauwarme Milch verrühren, in die Mehlmulde geben und mit etwas Mehl vom Rand verrühren. Den Vorteig an einem warmen Ort zugedeckt etwa 15 Minuten gehen lassen. Zimmerwarme Butter und übrige Milch zum Vorteig geben und zunächst mit den Knethaken des Handrührgerätes oder der Küchenmaschine, dann mit den Händen zu einem glatten Teig verkneten. Den Teig 30 Minuten gehen lassen, danach erneut durchkneten. Auf einem mit der Butter eingefetteten Backblech ausrollen und weitere 20–30 Minuten gehen lassen.

2. Währenddessen die Zwiebeln schälen und klein würfeln. Den Speck in einer Pfanne auslassen, aus der Pfanne nehmen und die Zwiebeln im Speckfett leicht anbraten. Das ausgebratene Fett abgießen. Zwiebeln und Speck miteinander mischen, etwas abkühlen lassen. Den Backofen auf 180 °C Ober-/Unterhitze vorheizen.

3. Den Quark mit den Eiern verrühren, mit Salz und Pfeffer würzen, Zwiebeln und Speck zufügen, gut unterheben. Diese Masse auf den Teig streichen, mit Kümmel bestreuen und im Backofen etwa 30 Minuten goldbraun backen. Den Speckkuchen in Stücke schneiden und sofort servieren. Dazu schmeckt ein grüner oder bunter Salat.

Zubereitungszeit
40 Minuten
(ohne Wartezeit)

Backzeit
30 Minuten

Zutaten
Für den Teig
500 g Mehl
20 g Zucker
1 TL Salz
20 g Hefe
250 ml Milch
100 g Butter

Für den Belag
1 kg Zwiebeln
800 g Speckwürfel
500 g Quark,
Magerstufe
3 Eier
Salz
Pfeffer
1 EL Kümmelsaat

Leipziger Blumenkohl-Auflauf

Für 4 Personen

Zubereitungszeit
30 Minuten

Koch- und Backzeit
35 Minuten

Zutaten
*700 g Kartoffeln,
mehlig kochend
1 großer Blumenkohl
Salz
1 Bund Petersilie
400 ml Milch
2 EL Butter
Muskatnuss
1 EL Öl
450 g Mett, Hackfleisch oder
Schinkenwürfel
2 EL Mehl
Pfeffer*

1. Die Kartoffeln schälen, waschen und in Stücke schneiden. Den Blumenkohl putzen, in Röschen schneiden und waschen. Die Kartoffeln wie gewohnt in Salzwasser gar kochen. Den Blumenkohl ebenfalls in Salzwasser in etwa 15 Minuten bissfest kochen. Die Kartoffeln abgießen und mit dem Kartoffelstampfer fein stampfen. Die Petersilie gründlich waschen, gut trocken schütteln und fein hacken.

2. In einem kleinen Topf etwa 200 ml Milch erhitzen, mit der Butter unter die Stampfkartoffeln mischen, gut verrühren, bis das Kartoffelpüree geschmeidig und glatt ist. Mit Salz und Muskat abschmecken. Eine Auflaufform mit der Butter einfetten und das Kartoffelpüree in die Form streichen. Den Backofen auf 180 °C vorheizen.

3. Den Blumenkohl abgießen, gut abtropfen lassen und auf das Püree setzen. Das Öl in einer großen Pfanne erhitzen und das Mett darin anbraten. Mehl darüber stäuben und kurz anschwitzen. Die restliche Milch mit 200 ml Wasser unter Rühren zugießen. Kurz aufkochen und 5 Minuten köcheln lassen. Mit Salz und Pfeffer abschmecken und die Petersilie (etwas zum Garnieren beiseitestellen) unterrühren. Das Ganze über den Blumenkohl gießen und im Backofen etwa 15 Minuten backen. Mit der restlichen Petersilie bestreut in der Form zu Tisch bringen.

Erzgebirgische Buttermilchzetzen

Für 4 Personen

Zubereitungszeit
50 Minuten

Backzeit
40–50 Minuten

Zutaten
2 kg Kartoffel
Salz
500 ml Buttermilch
150 g Speckwürfel
2 EL Leinöl

I. Von den Kartoffeln 500 g abwiegen, waschen und mit der Schale wie gewohnt zu Pellkartoffeln gar kochen. Abgießen, mit kaltem Wasser abschrecken, pellen und vollständig auskühlen lassen. Übrige Kartoffeln schälen, waschen, reiben, die entstehende Flüssigkeit abgießen und die Kartoffelstärke auffangen und in die Masse zurückgeben. Den Backofen auf 200 °C vorheizen.

2. Die gekochten Kartoffeln zu den rohen Kartoffeln reiben, die Masse salzen und mit Buttermilch (Menge evtl. anpassen) zu einer sämigen Masse vermengen. Den Speck in einer gusseisernen Pfanne auslassen, das Öl dazugießen und die Kartoffelmasse etwa 1,5 Zentimeter dick einfüllen. Das Ganze dann im Backofen etwa 40–50 Minuten backen, bis die Oberfläche anfängt, schön braun und knusprig zu werden.

Heiß in der Pfanne zu Tisch bringen, dazu einen grünen Salat servieren.

Tipp

Wenn Sie mögen, können Sie auch noch Zwiebelwürfel unter den Kartoffelteig geben.

Opernhaus am Leipziger Augustusplatz

Leipzig

Erstmals erwähnt wurde Leipzig im Jahre 1015. Heute ist die Weltstadt Leipzig die größte Stadt des Freistaates Sachsen und glänzt facettenreich mit unterschiedlichsten Sehenswürdigkeiten und Unterhaltungsmöglichkeiten. Die Universitäts- und Messestadt ist einerseits klassisch, aber auch jung, modern, pulsierend, kreativ und unbedingt einen Besuch wert.

Leipzig bietet eine lebhafte, abwechslungsreiche freie Kunst- und Kulturszene. Dieses vielfältige kulturelle Angebot (z. B. das Stadtgeschichtliche Museum im Alten Rathaus, das

Schillerhaus sowie die Museen im GRASSI und das Museum der bildenden Künste) und zahlreiche Festspiele prägen die Stadt entscheidend mit. Die traditionsreiche Musikstadt hat eine lebendige Gegenwart mit internationalem Ruf. Bedeutende Musiker wie Johann Sebastian Bach, Felix Mendelssohn Bartholdy, Edvard Grieg, Gustav Mahler, Clara und Robert Schumann hatten hier ihren Wirkungskreis; Hanns Eisler und Richard Wagner wurden hier geboren.

Es gibt viel zu sehen in Leipzig: historische Gebäude, hohe Türme und geschichtsträchtige Orte. Erkunden Sie z. B. die Alte Handelsbörse, Kirchen wie die Nikolaikirche oder die Thomaskirche, das Völkerschlachtdenkmal oder die Leipziger Baumwollspinnerei. Zahlreiche Geschäfte und Boutiquen laden zum Bummeln, Shoppen und Verweilen ein. Gerade in der Innenstadt finden Besucher eine Reihe von Kaufhäusern, die in den großen Passagen ansässig sind. Leipzigs Passagen und Höfe feiern jährlich im Herbst das gemeinsame Passagenfest mit viel Kultur und einem tollen gastronomischen Angebot.

Leipziger Neuseenland

Natur- und Sportfreunde sollten das Leipziger Neuseenland unbedingt kennenlernen. Nachdem ehemalige Kohletagebaugebiete Anfang der 1990er-Jahre geflutet wurden, verwandelte sich die Region um Leipzig in Freizeitlandschaften mit großen Seen, schiffbaren Flüssen und neuen Natur- und Waldgebieten. Dazu bieten unzählige Freizeit- und Kulturmöglichkeiten weitere Unterhaltung für Groß und Klein.

Das Leipziger Neuseenland überzeugt sowohl mit Aktiv- als auch mit Entspannungsangeboten, sowie mit kulturgeschichtlichen Attraktionen und Naturerlebnissen. Zusammen mit der Stadt Leipzig bilden das Leipziger Neuseenland, das Sächsische Burgen- und das Sächsische Heideland die Leipzig-Region. Diese abwechslungsreiche, interessante Region hat viel zu bieten, von Wanderungen bis Wassersport – Bewegungsfreudige kommen hier auf ihre Kosten. Wer sich am Strand entspannen möchte, ist an den Badeseen im Leipziger Neuseenland genau richtig. In den mehr als zwanzig größeren Seen können Wasserratten bedenkenlos schwimmen, denn die Wasserqualität ist hervorragend. Bei zahlreichen Bootsverleihern können »Kapitäne« Kajaks, Ruder- oder Motorboote mieten und in See stechen. Frei nach dem Motto »Eine Seefahrt, die ist lustig – eine Seefahrt, die ist schön ...« laden im Leipziger Neuseenland verschiedene Fahrgastschiffe zu gemütlichen Touren über die Seen und Wasserstraßen ein. Weitere Wasserangebote wie Segeln, Surfen, Paddeln, Wildwasserrafting, Tauchen und Angeln machen das Neuseenland für Aktivurlauber besonders attraktiv.

Von Leipzig sind es rund 25 Kilometer bis nach Grimma.

Grimma

Grimma, die Große Kreisstadt im Landkreis Leipzig, wurde im Jahr 1200 erstmals urkundlich erwähnt und liegt im Nordsächsischen Platten- und Hügelland. Die Stadt verfügt über eine historische Altstadt, die am Ufer der Mulde liegt und mit zahlreichen Baudenkmälern aus verschiedenen Epochen glänzt. Museen und Galerien der Stadt, z. B. Rathausgalerie, Göschenhaus, Klosterkirche Grimma und das Kreismuseum Grimma, warten stets mit neuen Ausstellungen auf und laden Kulturinteressierte zum Staunen und Erkunden ein. Das Aushängeschild der Stadt bildet der große Markt, der von zwei parallel zum Fluss verlaufenden Straßen eingerahmt wird. In seiner Mitte erhebt sich eines der besterhaltenen Rathäuser Sachsens. Nicht ohne Grund wurde Grimmas Altstadt vor kurzem zur schönsten in ganz Mitteldeutschland gekürt. Darüber hinaus lockt die schöne Stadt, die »Perle des Muldentals«, mit landschaftlichen Besonderheiten, die über beschauliche Wasserwege mit der Muldenschifffahrt oder zu Land auf Schusters Rappen und natürlich mit dem Drahtesel erkundet werden können.

Torgau liegt rund 53 Kilometer von Leipzig und Grimma entfernt.

Elbebrücke bei Torgau

Torgau

Torgau befindet sich im Nordwesten des Freistaates Sachsen, am westlichen Ufer der Elbe zwischen Wittenberg und Meißen. Torgau ist eine Stadt mit einer über 1000-jährigen Geschichte.

Geprägt durch umgebende Heidegebiete und die Elbauenlandschaft ist Torgau landschaftlich ein ausgezeichneter Ausgangspunkt für Bewegungsfreudige. Ebenso wird die Stadt für Geschichts- und Architektur-Interessierte zum Erlebnis. Letzteren bietet der Torgauer Museumspfad die Möglichkeit, ausgewählte stadthistorisch bemerkenswerte Gebäude zu bestaunen und zahlreiche museumspädagogische Angebote zu nutzen. Lernen Sie dabei unter anderem das Gebäude der Kurfürstlichen Kanzlei, die heute das Stadt- und Kulturgeschichtliche Museum beherbergt, sowie den Hausmannsturm und das Lapidarium von Schloss Hartenfels kennen. Ebenso dazu gehören die Katharina-Luther-Stube – das Sterbehaus von Katharina von Bora, der Witwe Luthers – ein historisches Handwerkerhaus, das Braumuseum sowie das Bürgermeister-Ringenhain-Haus, eines der bedeutendsten Renaissance-Bürgerhäuser im mitteldeutschen Raum.

Eintöpfe und Suppen

Biersuppe

I. Brot in Würfel schneiden. Die Butter in einer Pfanne schmelzen und die Brotwürfel darin von beiden Seiten goldbraun braten. Dann aus der Pfanne nehmen und beiseitestellen.

2. Ingwer schälen und fein reiben und mit Bier und Kümmel in einem Topf aufkochen.

3. Eigelb mit Speisestärke verquirlen und mit etwas heißem Bier verrühren und dann in das heiße Bier geben. Den Topf von der Herdplatte ziehen und die Preiselbeeren unterrühren. Suppe mit Salz und Pfeffer abschmecken, in einen tiefen Teller füllen und jeweils mit dem Brot und Schnittlauch bestreut servieren.

Für 4 Personen

Zubereitungszeit
20 Minuten

Kochzeit
etwa 4 Minuten

Zutaten
4 Scheiben Bauernbrot
1 EL Butter
1 kleines Stück frischer Ingwer
(etwa 10 g)
1 l dunkles Bier,
z. B. Doppelbock
1 TL Kümmel, gemahlen
3 Eigelb
2 EL Speisestärke
50 g Preiselbeeren
Salz
Pfeffer
1 EL Schnittlauchröllchen

Sächsische Fleckesuppe

Für 4 Personen

Zubereitungszeit
30 Minuten

Koch- und Bratzeit
1 Stunde und 25 Minuten

Zutaten
1 kg Kutteln (Flecke)
Salz
2 Zwiebeln
1 Möhre
1 EL Butterschmalz
50 g Mehl
4 EL Tomatenmark
1,5 l Fleischbrühe
2 Gewürznelken
3 Wacholderbeeren
1 Lorbeerblatt
150 ml Rotwein, trocken
3–4 EL Weinessig

1. Die Kutteln gut waschen und anschließend in Salzwasser etwa 20 Minuten köcheln. Aus dem Wasser nehmen, abkühlen lassen und in feine Streifen schneiden. Die Zwiebeln schälen und in kleine Würfel schneiden. Die Möhre ebenfalls schälen, waschen und klein würfeln.

2. Das Butterschmalz in einem Topf auslassen und die Zwiebel- und Möhrenwürfel darin anrösten. Die Kuttelstreifen dazugeben und etwa 15 Minuten anbraten. Mit Mehl bestäuben und Farbe nehmen lassen, Tomatenmark dazugeben, anrösten und mit der Fleischbrühe ablöschen. Nelken, Wacholderbeeren und das Lorbeerblatt in ein Würzsäckchen füllen, in den Topf legen und mit Salz und Pfeffer abschmecken.

3. Den Rotwein zugießen. Das Ganze 40 Minuten bei mäßiger Hitze kochen lassen. Den Essig zufügen und weitere 10 Minuten köcheln. Vor dem Servieren den Würzbeutel entfernen, die Fleckesuppe in eine Servierschüssel füllen und servieren.

Tipp

Kutteln sind nicht immer sofort erhältlich. Bestellen Sie diese bei Ihrem Metzger vor.

Linseneintopf nach erzgebirgischer Art

Für 4 Personen

I. Die Linsen über Nacht in Wasser einweichen. Die Kartoffeln schälen, waschen und in kleine Stücke schneiden und mit den Linsen und dem Einweichwasser in einem Topf aufkochen. Die Hitze reduzieren und das Ganze etwa 45 Minuten köcheln lassen, bis die Linsen fast gar sind.

2. Währenddessen den Räucherspeck klein schneiden. Geben Sie ihn erst gegen Ende der Kochzeit zum Eintopf. Das Mehl in einer Pfanne ohne Fettzugabe bei nicht zu hoher Hitze anrösten und dann in einer Tasse mit etwas kaltem Wasser verrühren und in den Eintopf geben. Das Ganze unter Rühren aufkochen und etwa 5 Minuten köcheln lassen.

3. Die Suppe mit Salz, Pfeffer, Zucker und Essig abschmecken. Die Knackwürstchen in Scheiben schneiden und in einer Pfanne leicht ausbraten und dann in den Eintopf geben. Den Linseneintopf in eine Servierschüssel füllen, mit Petersilie bestreuen und servieren.

Zubereitungszeit
40 Minuten
(ohne Wartezeit)

Kochzeit
50 Minuten

Zutaten
300 g braune Linsen
150 g Kartoffeln, festkochend
50 g Räucherspeck
3 EL Mehl
Salz
Pfeffer
Zucker, Menge nach
Geschmack
1 EL Essig
4–6 Knackwürste
1 EL gehackte Petersilie

Tipp

Ob Sie die berühmte Sächsische Knackwurst, eine geräucherte und luftgetrocknete Dauerpökelwurst aus Rind- und Schweinefleisch, bei Ihrem Metzger bekommen, ist nicht sicher. Sie können auch die in Deutschland allgemein als Knackwurst bezeichnete leicht geräucherte Rohwurst aus kräftig gewürztem grobem Schweinehackfleisch verwenden.

Sauerkrautsuppe
»Görlitz«

Für 4 Personen

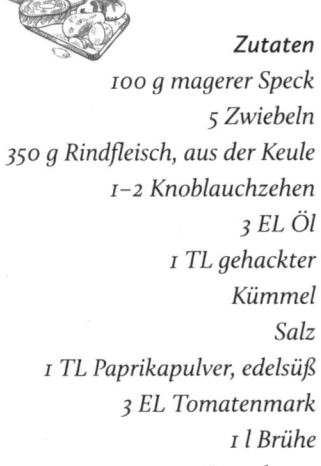

Zubereitungszeit
25 Minuten

Kochzeit
1 Stunde und 20 Minuten

Zutaten
100 g magerer Speck
5 Zwiebeln
350 g Rindfleisch, aus der Keule
1–2 Knoblauchzehen
3 EL Öl
1 TL gehackter Kümmel
Salz
1 TL Paprikapulver, edelsüß
3 EL Tomatenmark
1 l Brühe
350 g Sauerkraut
1 TL Kapern
Schalenabrieb von 1 Zitrone
120 g saure Sahne

1. Den Speck in feine Würfel schneiden. Die Zwiebel schälen und in feine Ringe schneiden. Das Rindfleisch waschen, trocken tupfen und in nicht zu kleine Stücke schneiden. Den Knoblauch pellen und zerdrücken.

2. Das Öl in einem Topf erhitzen und den Speck darin auslassen. Die Zwiebeln dazugeben und kurz anrösten. Die Rindfleischstücke zusammen mit Kümmel, Knoblauch, wenig Salz und Paprikapulver dazugeben und kräftig anbraten. Tomatenmark unterrühren und kurz anrösten lassen. Mit der Brühe ablöschen und aufkochen. Bei geschlossenem Deckel etwa 60 Minuten auf mittlerer Hitze köcheln lassen.

3. Dann das Sauerkraut dazugeben und weitere 20 Minuten garen lassen. Ist das Fleisch weich, die Kapern und die Zitronenschale dazugeben.

Die Suppe in tiefe Teller füllen und mit je 1 Esslöffel saure Sahne garnieren. Dazu frisches Weißbrot servieren.

Weißkohlsuppe
Für 4 Personen „Meißen"

Zubereitungszeit
20 Minuten

Kochzeit
1 Stunde und 20 Minuten

Zutaten
1,5 kg Eisbein
4 große Kartoffeln
2 Stangen Lauch
1 Knoblauchzehe
Salz
1 TL Paprikapulver
2 EL Öl
500 g Sauerkraut
3 EL Mehl
500 ml Buttermilch
Pfeffer

1. Das Eisbein gründlich waschen. Die Kartoffeln schälen, waschen und in Stücke schneiden. Die Lauchstangen von den äußeren Blättern befreien, in Ringe schneiden, waschen und abtropfen lassen. Knoblauch pellen und halbieren.

2. In einem Topf 1 Liter Wasser zum Kochen bringen, das Eisbein hineingeben, kurz aufkochen lassen, mit Salz, Knoblauch und Paprika würzen und in etwa 80–90 Minuten weich kochen.

3. Zwischenzeitlich das Öl in einem Schmortopf erhitzen, die Kartoffeln darin kurz andünsten, Lauchringe und Sauerkraut dazugeben. Mit etwas Paprika und einer Prise Salz würzen. Etwas Mehl darüberstreuen, Buttermilch angießen und verrühren. Das Ganze etwa 20 Minuten bei geringer Hitze garen lassen. Ggf. etwas Fleischsud dazugeben.

4. Das Fleisch aus dem Sud nehmen, vom Knochen lösen und klein schneiden. Als Einlage in die Suppe gegeben. Nochmals mit Salz und Pfeffer abschmecken. Die Sauerkrautsuppe in eine Suppenterrine füllen und servieren.

Tipp

Sie können statt Sauerkraut auch frischen Weißkohl verarbeiten, dadurch erhält die Suppe einen vollkommen anderen Geschmack.

Dresdner Kartoffelsuppe

Für 4 Personen

1. Den Speck würfeln und in einem Topf auslassen. Das Wurzelgemüse putzen, ggf. schälen, waschen und fein würfeln. Die Zwiebel schälen und hacken. Die Kartoffeln waschen, schälen und in Würfel schneiden. Alle Zutaten in dem ausgelassenen Speckfett andünsten, mit der Fleischbrühe aufgießen und kurz aufkochen lassen.

2. Alles bei kleiner Hitze etwa 30 Minuten köcheln lassen. Nach dem Ende der Garzeit die Kartoffeln in der Suppe stampfen oder mit einem Handmixer pürieren. Die Suppe mit Salz, Pfeffer und Majoran würzen, die Siedewürstchen in die Suppe legen und 10 Minuten warm ziehen lassen.

Die Suppe in eine vorgewärmte Suppenterrine geben, mit der Petersilie garnieren und sofort zu Tisch bringen.

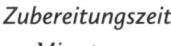

Zubereitungszeit
20 Minuten

Kochzeit
45 Minuten

Zutaten
100 g Speck
1 Lauchstange
1 Möhre
1 Knollensellerie
1 Zwiebel
1,5 kg Kartoffeln, mehlig
kochend
1 l Fleischbrühe
Salz
Pfeffer
1 TL getrockneter Majoran
4 Siedewürstchen
2 EL gehackte Petersilie

Sächsischer Wirsingtopf

Für 4 Personen

Zubereitungszeit
35 Minuten

Kochzeit
10 Minuten

Zutaten
1 großer Wirsing
2 Zwiebeln
1 EL Butterschmalz
250 ml Gemüsebrühe
100 ml Sahne
1 EL Speisestärke
Salz
Pfeffer
4–6 Mettwürste

1. Den Wirsing putzen, vierteln, die dicken Blattrippen von den äußeren Wirsingblättern entfernen und den Wirsing in Streifen schneiden, waschen und abtropfen lassen. Die Zwiebeln schälen und würfeln.

2. Das Butterschmalz in einem hohen Topf erhitzen und die Zwiebelwürfel darin glasig andünsten. Die Wirsingstreifen dazugeben und ebenfalls kurz andünsten. Mit der Gemüsebrühe ablöschen und bei geschlossenem Deckel etwa 10 Minuten leise köcheln lassen.

3. Die Sahne zum Wirsing geben und unterrühren. Die Speisestärke mit etwas Wasser verrühren, in die kochende Flüssigkeit einrühren und kurz aufkochen lassen. Gemüse mit Salz und Pfeffer abschmecken. Die Mettwürste auf den Wirsing legen und erwärmen. Das Gemüse und die Mettwürste auf Tellern portionieren und heiß zu Tisch bringen.

Dazu Bratkartoffeln und Senf (für die Würste) reichen.

Weißkohl-Eintopf "Bautzen"

1. Das Fleisch in mundgerechte Stücke schneiden. Den Weißkohl putzen, grob in Stücke schneiden, waschen und abtropfen lassen. Die Möhren und Kartoffeln schälen, waschen und in nicht zu kleine Würfel schneiden. Die Zwiebeln schälen und in feine Ringe schneiden.

2. Das Butterschmalz in einem hohen Topf erhitzen und zuerst das Fleisch darin leicht andünsten. Dann das gesamte Gemüse dazugeben und ebenfalls kurz anrösten. Mit der Brühe ablöschen und mit Salz, Pfeffer und Kümmel würzen.

3. Das Ganze etwa 35 Minuten bei mittlerer Hitze köcheln lassen. Evtl. etwas Brühe nachgießen. Den Weißkohl-Eintopf in eine Servierschüssel füllen und mit der Petersilie garniert zu Tisch bringen.

Für 4 Personen

Zubereitungszeit
30 Minuten

Kochzeit
35 Minuten

Zutaten
600 g Kasslerbraten,
ohne Knochen
1 kleiner Weißkohl
3 Möhren
400 g Kartoffeln
2 Zwiebeln
2 EL Butterschmalz
500 ml Gemüsebrühe
Salz
Pfeffer
Kümmel
1 EL gehackte Petersilie

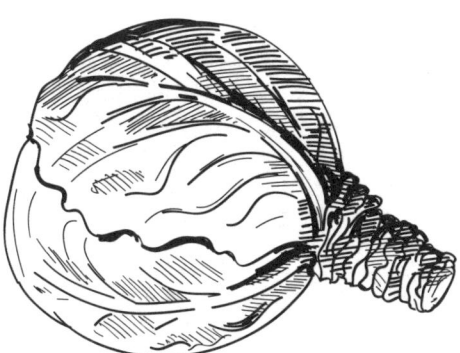

Gulaschsuppe

Für 4 Personen

Zubereitungszeit
15 Minuten

Kochzeit
45–50 Minuten

Zutaten
6 Zwiebeln
1 Knoblauchzehe
400 g Tomaten
Öl
650 g Gulasch,
halb Rind und halb Schwein
1,5 l Gemüsebrühe
1 TL Thymian,
getrocknet
1 Lorbeerblatt
2 EL Paprikapulver
Salz
Pfeffer
1 Prise Zucker
1 TL Kümmel
150 g saure Sahne

1. Die Zwiebeln schälen und in grobe Würfel schneiden. Knoblauch pellen und vierteln. Die Tomaten mit kochendem Wasser überbrühen, häuten und vierteln.

2. Öl in einem Bräter erhitzen und das Fleisch darin kräftig anrösten. Zwiebeln, Knoblauch und Tomaten dazugeben und kurz anbraten. Mit der heißen Brühe ablöschen und mit den Gewürzen herzhaft abschmecken. Die Hitze reduzieren und die Suppe etwa 45–50 Minuten leise köcheln lassen.

3. Vor dem Servieren erneut abschmecken und die saure Sahne unterrühren. Die Gulaschsuppe in eine Suppenterrine füllen und mit Graubrotscheiben servieren.

Tipp

Wenn Sie die Gulaschsuppe gerne scharf mögen, geben Sie frische, kleingeschnittene Chilischoten hinzu.

Lammfleisch-Eintopf

1. Das Fleisch waschen, trocken tupfen und in mundgerechte Stücke schneiden. Die Bohnen waschen und von den Fäden befreien. Die Kartoffeln schälen und waschen. Die Möhre schälen, waschen und in Stücke schneiden. Die Zwiebeln schälen und würfeln. Die Knoblauchzehe pellen und hacken. Das Bohnenkraut gründlich waschen, trocken schütteln und fein hacken. 1 Esslöffel Bohnenkraut beiseitestellen.

2. In einem Topf das Butterschmalz erhitzen und das Fleisch darin kräftig anbraten, mit Salz und Pfeffer würzen. Zwiebeln und Knoblauch dazugeben, glasig anrösten und mit einem Teil der Fleischbrühe ablöschen. Bei geschlossenem Deckel bei mittlerer Hitze etwa 50 Minuten köcheln lassen.

3. Dann die Bohnen mit den Kräutern dazugeben, die restliche Brühe angießen und das Ganze weitere 10 Minuten köcheln lassen. Als nächstes die Möhrenstücke hineingeben und nochmals 10 Minuten kochen lassen. Jetzt die rohen Kartoffeln in den Eintopf reiben und weitere 10 Minuten kochen. Abschließend die Crème fraîche unterrühren und den Eintopf ggf. mit Salz und Pfeffer abschmecken. Den Eintopf in eine Terrine füllen, mit dem restlichen Bohnenkraut bestreuen und heiß servieren.

Für 4 Personen

Zubereitungszeit
40 Minuten
(ohne Wartezeit)

Kochzeit
1 Stunde und 20 Minuten

Zutaten
800 g Lammfleisch (aus der Schulter ohne Knochen)
500 g frische grüne Bohnen
6 Kartoffeln
1 Möhre
2 Zwiebeln
1 Knoblauchzehe
1 Bund Bohnenkraut
1 EL Butterschmalz
Salz
Pfeffer
1,5 l Fleischbrühe
Je 1 EL Thymian und Rosmarin
200 ml Crème fraîche

Erzgebirge

Das Erzgebirge, eines der schönsten Mittelgebirge Europas, bildet die natürliche Grenze zwischen Sachsen und Böhmen. Die Entdeckung großer Erzvorkommen und der damit verbundene Bergbau brachten über mehrere Jahrhunderte eine Kulturlandschaft von besonderem Wert hervor. Neben der Landschaft wurden auch die Architektur, Kunst und Kultur entscheidend vom erzgebirgischen Bergbau geprägt. Im 16. Jahrhundert wurde das Erzgebirge zum Zentrum des Bergbaus in Mitteleuropa und spätestens jetzt bürgerte sich endgültig die Bezeichnung »Erzgebirge« ein. Die Geschichte des Bergbaus können Interessierte in den Museen der Region hautnah erleben.

Eine herrlich vielseitige und überaus abwechslungsreiche Natur macht das Erzgebirge zu einem einzigartigen Urlaubsziel. Egal zu welcher Jahreszeit, ob aktiv oder bequem, hier kommt jeder auf seine Kosten. Die reizvolle Gegend lässt sich sportlich per Rad oder Mountainbike entdecken, aber auch zu Fuß, zum Beispiel während der Erzgebirgischen Wanderwochen, gibt es dazu zahlreiche Möglichkeiten. Wer es lieber gemütlicher mag, wählt das Auto für seine Erkundungen oder fährt auf Schienen quer durchs Erzgebirge. Mit den traditionsreichen erzgebirgischen Eisenbahnen unterwegs zu sein, ist ein einzigartiges Erlebnis – wie eine Kreuzfahrt für Landratten. Über das dichte Schienennetz erreichen Sie problemlos viele Ausflugsziele. Auf Ihrer Fahrt genießen Sie die Landschaft aus einer besonderen Perspektive und erleben am Streckenrand die bewundernden Blicke kleiner und großer Eisenbahn Fans.

Besonders im Winter besticht die Region mit typischen Traditionen und Bräuchen. Bergparaden und Bergaufzüge sowie Weihnachtsmärkte sind Zeugen traditionellen Brauchtums und locken jeden Winter unzählige Besucher an. Und wer kennt sie nicht, die bekannte Holzkunst aus dem Erzgebirge, die Räuchermänner, Engel und Bergmänner, die Schwibbögen und Pyramiden? Aus der ursprünglichen Feierabendbeschäftigung der Bergleute wurde im Laufe der Jahrhunderte die über die Landesgrenzen hinaus bekannte und begehrte Holzkunst. Ein ganz besonderes, romantisches Erlebnis zu dieser Jahreszeit, das Sie sich nicht entgehen lassen sollten, ist die Fahrt mit der Pferdekutsche oder dem Pferdeschlitten durch die verschneite Landschaft des Erzgebirges

Sächsische Schweiz

Der Nationalpark Sächsische Schweiz, Deutschlands einziger Felsennationalpark, birgt eine malerisch zerklüftete, kreidezeitliche Erosionslandschaft mit einem herrlichen Mikroklima und einem Schatz seltener Tier- und Pflanzenarten. Westlich geht die Sächsische Schweiz ins Erzgebirge und östlich in das Lausitzer Bergland über. Die Nationalparkregion besteht aus 93,5 Quadratkilometern Nationalpark, der 1990 geschaffen wurde, und dem umgebenden Landschaftsschutzgebiet (287,5 Quadratkilometer). Der Nationalpark enthält besonders geschützte Zonen, die sogenannten »Kernzonen«.

Wandern darf man fast überall und hat so die Möglichkeit, der Natur besonders nah zu kommen. Die Sächsischen Schweiz mit ihrer formenreichen Landschaft, ihren bizarren Felsen und tiefen Schluchten ist eines der schönsten Wandergebiete Europas. Für Wanderfreunde bietet besonders der Malerweg Elbsandsteingebirge, der mit seinem historischen Wegverlauf auf einzigartige Weise Natur, Wandern und Kunst miteinander verbindet, Bewegung und viel Sehenswertes. Seinen Ursprung hat der Rundwanderweg im 18. Jahrhundert und im Jahr 2006 wurde der Malerweg Elbsandsteingebirge auf Grundlage historischer Reiseführer und Kunstwerke rekonstruiert und neu ausgeschildert. Besuchen Sie malerische Orte wie Königstein, Sebnitz, Heidenau, Hohnstein, Bad Schandau und viele mehr und lernen Sie dabei die Besonderheiten der jeweiligen Ortschaft kennen. Sagenumwobene mittelalterliche Burgen, prächtige Schlösser und malerische Gärten sowie historische Baudenkmäler und altehrwürdige Gotteshäuser warten auf Besucher und machen die spannende sächsische Geschichte zu einem einzigartigen Erlebnis. Aber auch andere Aktivitäten wie Radfahren, Wassersport und Klettern sind hier möglich. Für Kletterer ist die Sächsische Schweiz ein wahres Eldorado. Für Freikletterer verteilt sich das Gipfelglück auf etwa 1100 freistehende Sandsteinfelsen und liefert dazu eine überwältigende Naturkulisse. Die Sächsische Schweiz bietet für Wassersportler eine große Auswahl von wassernahen Aktivangeboten. Dazu gehören besispielsweise Kanu- und Paddeltouren auf der Elbe oder eine Fahrt mit einem historischen Schaufelraddampfer. Die Sächsische Dampfschifffahrtsgesellschaft betreibt Personenschiffsverkehr auf der abwechslungsreichen Strecke zwischen Meißen, Dresden, Pirna und Bad Schandau und durchquert damit eine der schönsten Flusslandschaften Europas.

Klöße und Beilagen

Voztländer »Grünzeriebene«

Für 4–6 Personen

Zubereitungszeit
50 Minuten

Kochzeit
30 Minuten

Zutaten
2 Scheiben Weißbrot
1–2 EL Butter
2,75 kg Kartoffeln
Salz

I. Das Brot in kleine Würfel schneiden. Die Butter in einer Pfanne auslassen und die Brotwürfel darin goldbraun rösten. Auf Küchenpapier abtropfen und erkalten lassen. Von den Kartoffeln 2 kg abwiegen, schälen, waschen, reiben und in einem Tuch stark auspressen und das Wasser mit der Kartoffelstärke auffangen. Die übrigen 750 g Kartoffeln waschen und mit der Schale zu Pellkartoffeln gar kochen. Abgießen, mit kaltem Wasser abschrecken, etwas ausdampfen lassen, dann pellen. Die Pellkartoffeln erkalten lassen und dann ebenfalls fein reiben.

2. Beide Kartoffelmassen mischen und mit Salz abschmecken. Die beim Auspressen aufgefangene Kartoffelstärke dazugeben und mit etwas kochendem Wasser (nach und nach) gründlich zu einer geschmeidigen Kloßmasse vermengen.

3. Mit leicht angefeuchteten Händen runde Klöße (etwa 6 cm Durchmesser) formen und jeweils in die Mitte geröstete Weißbrotwürfel geben. In einem weiten Topf Wasser zum Kochen bringen, Salz dazugeben und die Klöße so hineinlegen, dass sie frei »schwimmen« können. Die Klöße dürfen sich beim Kochen auf keinen Fall berühren, deshalb ggfs. zwei Töpfe verwenden. Die Klöße schnell aufkochen, die Hitze dann reduzieren und die Klöße bei kleiner Hitze etwa weitere 10 Minuten kochen. Dann noch 20 Minuten bei ganz geringer Hitze und ohne Deckel durchziehen lassen.

Tipp

Die Knödel sind eine leckere Beilage zu allen Fleischgerichten. Auch am Folgetag schmecken die Klöße hervorragen. In Scheiben geschnitten, in heißem Öl ausgebacken und mit einem grünen Salat eine leckere Hauptmahlzeit.

Sächsische Wickelklöße

Für 4 Personen

Zubereitungszeit
45 Minuten

Kochzeit
40–50 Minuten

Zutaten
450 g Kartoffeln,
mehlig kochend
50 g Butter
100 g Semmelbrösel
300 g Mehl
2 Eier
Salz
50 ml Milch

Außerdem
Mehl
1 Leinentuch
Küchengarn
Kartoffelpresse

1. Kartoffeln waschen und mit der Schale wie gewohnt zu Pellkartoffeln gar kochen. Die Butter in einer Pfanne auslassen und die Semmelbrösel darin hellbraun rösten, danach abkühlen lassen. Kartoffeln abgießen, mit kaltem Wasser abschrecken, etwas abkühlen lassen, pellen und durch die Kartoffelpresse drücken. Den Kartoffelteig mit Mehl, Eiern, Salz und Milch zu einem glatten Teig kneten.

2. Den Teig etwa 5 mm dünn auf einem leicht bemehlten Tuch auf die Größe von 30 × 20 Zentimeter ausrollen und die Semmelbrösel darauf verteilen, dabei an den Seiten einen Rand lassen. Den Teig mithilfe des Tuchs aufrollen und die Tuchenden mit Küchengarn fest zusammenbinden. Reichlich Salzwasser in einem großen Topf aufkochen, die Kloßrolle hineinlegen und 30 Minuten bei kleiner Hitze ziehen lassen. Die Kartoffelkloßrolle aus dem Wasser nehmen, gut abtropfen lassen, auswickeln, in Scheiben schneiden und servieren.

Tipp

Wickelklöße sind eine leckere Beilage zu Fleischgerichten mit Soße, schmecken aber auch gebraten in heißer Butter mit einem bunten Salat.

Sächsischer Serviettenkloß

Für 4–6 Personen

1. Sechs Brötchen in Würfel schneiden. Die Butter in einer Pfanne erhitzen und die Brotwürfel darin goldgelb rösten lassen. Die Petersilie waschen, trocken schütteln und fein hacken.

2. Die übrigen Brötchen in dünne Scheiben schneiden. Die Milch mit den verquirlten Eiern, Salz und Mehl verrühren und über die Brötchenscheiben gießen. Das Ganze gut miteinander vermischen. Die gerösteten Brotwürfel und die Petersilie dazugeben und ebenfalls untermischen. Den Teig etwa 30 Minuten ruhen lassen.

3. In einem hohen Topf etwa 3 Liter Wasser zum Kochen bringen. Währenddessen den Teig mit feuchten Händen zu einer großen, länglichen Rolle formen und locker in ein feuchtes und mit Butter eingefettetes Leinentuch einwickeln. Die Serviette an beiden Seiten mit Küchengarn verschließen.

4. Den Serviettenkloß in das kochende Wasser geben und 50–60 Minuten bei mittlerer Hitze gar ziehen lassen. Danach den Kloß aus dem Wasser heben, abtropfen lassen, abschrecken und vorsichtig aus der Serviette nehmen. Den Serviettenkloß in Scheiben schneiden und sofort servieren.

Zubereitungszeit
30 Minuten
(ohne Wartezeit)

Kochzeit
50–60 Minuten

Zutaten
9 Brötchen vom Vortag
60 g Butter
1 Bund Petersilie
300 ml Milch
3 Eier
Salz
2–3 EL Mehl

Außerdem
Butter zum Bestreichen
1 Leinentuch
Küchengarn

Tipp

Wickeln Sie das Leinentuch locker um den Kloßteig, da dieser beim Garen noch an Volumen zunimmt.

Sächsischer Rauchermod

Für 4 Personen

Zubereitungszeit
45 Minuten

Backzeit
30 Minuten

Zutaten
1,5 kg Kartoffeln,
mehlig kochend
250 g Quark,
Magerstufe
2 TL Kümmelsaat
Salz

Außerdem
Butter für
das Backblech

I. Die Kartoffeln waschen und mit der Schale wie gewohnt zu Pellkartoffeln gar kochen. Abgießen, mit kaltem Wasser abschrecken, ausdampfen lassen und pellen. Die Kartoffeln vollständig abkühlen lassen. Den Backofen auf 180 °C vorheizen. Das Backblech mit der Butter großzügig einfetten

2. Die Kartoffeln auf einer groben Reibe zu kleinen Schnitzen reiben und mit Quark und Kümmel mischen, mit Salz abschmecken. Die Kartoffelmasse in groben Flocken auf dem Backblech verteilen und im Backofen etwa 30 Minuten goldbraun backen.

Tipp

Diese Kartoffelspeise ist eine herrliche Beilage zu allen Fleisch- und Fischgerichten, schmeckt aber auch zu Rührei und Salat.

Bohnen mit Apfel und Speck

1. Bohnenkerne über Nacht in kaltem Wasser einweichen. Abgießen und mit etwa 800 ml kaltem Wasser aufkochen und mit geschlossenem Deckel bei schwacher Hitze ca. 75 Minuten köcheln lassen, bis sie weich sind.

2. Währenddessen die Äpfel waschen, schälen, Kerngehäuse entfernen und das Fruchtfleisch in schmale Spalten schneiden. Etwa 30 Minuten vor Ende der Garzeit zu den Bohnen geben. Bei Bedarf etwas Wasser nachgießen – es sollte am Ende der Garzeit fast aufgebraucht sein. Die Bohnen mit Salz, Pfeffer und Piment abschmecken.

3. Rechtzeitig zum Ende der Garzeit die Zwiebeln schälen und in Würfel schneiden. Den Speck in einer beschichteten Pfanne ohne Fettzugabe auslassen. Zwiebeln zugeben und goldbraun rösten.

Die Bohnen auf tiefe Teller portionieren und die Speck-Zwiebel-Mischung brutzelnd heiß über die warmen Bohnen geben und servieren.

Für 4 Personen

Zubereitungszeit
30 Minuten
(ohne Wartezeit)

Koch- und Bratzeit
1 Stunde und 15 Minuten

Zutaten
500 g getrocknete
weiße Bohnenkerne
3 säuerliche Äpfel
Salz
Pfeffer
Piment,
gemahlen
2 Zwiebeln
200 g Speckwürfel

Senfbirnen

Für 4 Personen

Zubereitungszeit
*15 Minuten
(ohne Wartezeit)*

Kochzeit
6 Minuten

Zutaten
*2 kg Birnen
40 g frischer
Meerrettich
75 g Senfkörner
500 ml Weinessig
450 g Zucker
1/2 TL Zimtpulver*

I. Die Birnen waschen, schälen, halbieren und das Kerngehäuse entfernen. Den Meerrettich waschen, schälen und in Würfel schneiden. Die Senfkörner im Mörser zerdrücken.

2. Den Essig in einem Topf mit 250 ml Wasser, Zucker und Zimt erhitzen. Die Birnen dazugeben und etwa 6 Minuten köcheln lassen.

3. Die Birnen aus dem Sud nehmen und in einem Steintopf einschichten. Den Birnensud erkalten lassen. Die Senfkörner und die Meerrettichwürfel zu den geschichteten Birnen geben und mit dem Sud begießen. Im zugedeckten Topf für 3 Tage durchziehen lassen.

Servieren Sie die Senfbirnen zu Kurzgebratenem und zu Grillgerichten.

Herzhaftes Kartoffelpüree

Für 4 Personen

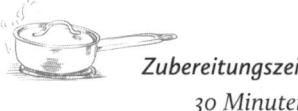

Zubereitungszeit
30 Minuten

Koch- und Bratzeit
25 Minuten

Zutaten
1 kg Kartoffeln
500 ml Milch
60 g Butter
Salz
Muskatnuss
250 g Speckwürfel

I. Die Kartoffeln waschen und wie gewohnt in der Schale als Pellkartoffeln gar kochen.

2. Die Milch in einem Topf zum Kochen bringen, von der Herdplatte nehmen. Die Kartoffeln abgießen und mit dem Kartoffelstampfer fein stampfen. Die Milch nach und nach unter den Kartoffelstampf rühren, die Butter dazugeben und das Püree samtig weich aufschlagen, mit Salz und Muskat würzen.

3. Den Speck mit etwas Öl in einer Pfanne kross ausbraten. Das Kartoffelpüree auf Tellern portionieren und mit den Speckwürfeln bestreut servieren.

Dazu einen frischen grünen Salat reichen.

Tipp

Auch sehr lecker schmeckt dieses Kartoffelpüree, wenn Sie noch geröstete Zwiebelringe zufügen.

Herzhaftes Linsengemüse

Für 4 Personen

1. Die Linsen über Nacht in etwa 1 Liter Wasser einweichen. Das Gemüse schälen, waschen und würfeln. Die Zwiebel schälen und fein würfeln. Den Speck ebenfalls in kleine Würfel schneiden.

Zubereitungszeit
30 Minuten
(ohne Wartezeit)

2. Die Linsen in einem hohen Topf mit dem Einweichwasser zum Kochen bringen und bei mittlerer Hitze etwa 30 Minuten garen. Das Gemüse dazugeben und weitere 30 Minuten köcheln lassen.

Kochzeit
60 Minuten

3. Den Speck in einer Pfanne kross ausbraten und zu den Linsen geben. Mit Essig, Zucker, Salz und Pfeffer würzen.

Zutaten
300 g Linsen
2 Möhren
1 Sellerieknolle
1 Zwiebel

4. In einer weiteren Pfanne das Butterschmalz erhitzen und die Rotwurstscheiben darin auf beiden Seiten knusprig braten.

150 g Speck
2 EL Weißweinessig
1 TL Zucker
Salz
Pfeffer

Das Linsengemüse auf Tellern anrichten und mit den Rotwurstscheiben belegen.

3 EL Butterschmalz
4 Scheiben Rotwurst,
(je 200 g)

Tipp

Sie können auch Tellerlinsen verarbeiten, das erspart die Einweichzeit.

Für 4 Personen

Leipziger Allerlei

Zubereitungszeit
50 Minuten

Kochzeit
25 Minuten

I. Die Möhren schälen und schräg in Scheiben schneiden. Den Blumenkohl putzen, in Röschen teilen, waschen und abtropfen lassen. Den Spargel dünn schälen, holzige Enden entfernen, waschen, abtropfen lassen und in Stücke schneiden. 250 ml Wasser mit der Hälfte der Butter, etwas Salz und Zucker aufkochen. Die getrockneten Morcheln in lauwarmem Wasser einweichen.

2. Die Pilze aus dem Wasser nehmen und das Pilzwasser beiseitestellen.

3. Die Möhren in das kochende Wasser geben und 5 Minuten kochen. Blumenkohl und Spargel zufügen und das Ganze 10 Minuten bei schwacher Hitze garen. Die Erbsen zugeben und weitere 10 Minuten garen.

4. Das Gemüse durch ein Sieb gießen, dabei die Brühe auffangen. Die übrige Butter in einem Topf schmelzen, das Mehl unter Rühren dazugeben und goldgelb anschwitzen, weiter rühren. Gemüse- und Pilzwasser unter kräftigem Rühren zugießen, aufkochen und mit Muskatnuss würzen.

5. Die Krebsbutter mit der Sahne zufügen und verrühren. Die Hitze reduzieren und das Gemüse mit den Pilzen dazugeben. Leipziger Allerlei in eine Servierschüssel füllen, mit dem Krebsfleisch garnieren und mit der Petersilie bestreut servieren.

Tipp

Sie können auch frische Morcheln verarbeiten und, wenn Sie mögen, auch noch Kohlrabi dazu kochen.

Zutaten

500 g Möhren

200 g Blumenkohl

250 g Spargel

50 g Butter

Salz

1 Prise Zucker

125 g getrocknete Morcheln

300 g TK-Erbsen

30 g Mehl

Muskatnuss

50 g Krebsbutter

3 EL Sahne

200 g Flusskrebsfleisch

1 EL gehackte Petersilie

Oberlausitz

Die Oberlausitz liegt im Osten des Freistaates Sachsen, an der Grenze zu Polen und der Tschechischen Republik und reicht bis in den Oberspreewald-Lausitzkreis des Landes Brandenburg hinein.

Sie erstreckt sich von Bischofswerda im Westen bis nach Görlitz im Osten und von Zittau im Süden bis nach Weißwasser im Norden. Die Oberlausitz wird in acht Landschaften unterschieden: die Ruhland Königsbrücker Heiden, die Muskauer Heide, das Oberlausitzer Heide- und Teichgebiet, das Nordwestlausitzer Hügelland, das Ostlausitzer Hügelland und Neißegebiet, das Lausitzer Bergland, das Lausitzer Gefilde und die Lausche. Mit ihren sanften Hügeln, den vielen Teichen, dem neu entstehenden Seenland und dem 100. Naturpark Deutschlands, dem romantischen Zittauer Gebirge (das kleinste Mittelgebirge Deutschlands), bietet die Oberlausitz eine Naturvielfalt, die ihresgleichen sucht. Hier können Aktive Wolfspfade erkunden, Felsen erklettern oder mit dem Geländewagen im stillgelegten Tagebau Tier- und Pflanzenwelt entdecken. Naturliebhabern eröffnen sich unzählige Möglichkeiten. Neben außergewöhnlichen Landschaften und einer herrlichen Naturkulisse überzeugt die Oberlausitz aber auch durch ein faszinierendes Kulturangebot. Für Städte- und Kulturreisende bieten unter anderem die Städte Bautzen, Görlitz, Kamenz, Lauban, Löbau und Zittau ein attraktives kulturelles Angebot. Diese sechs Städte gehörten bis 1815 dem Oberlausitzer Sechsstädtebund an, nachdem sie sich 1346 zu einem Bündnis zusammengeschlossen hatten.

Auf der neuen touristischen Kulturroute Via Sacra werden Touristen zu einzigartigen sakralen Bauwerken und Kunstschätzen im Länderdreieck Deutschland, Polen und Tschechien geführt.

Zugleich ist die Heilige Straße, die die Oberlausitz auf alten Handelsstraßen und Pilgerrouten durchzieht, eine gute Möglichkeit, dem Stress des Alltags zu entfliehen und an kulturhistorisch bedeutenden Orten Ruhe, Gelassenheit und innere Einkehr zu finden.

Fleischgerichte und Braten

Sächsisches Seuffleisch

I. Das Fleisch waschen, gut trocken tupfen und, wenn Sie die Fleischsorten am Stück gekauft haben, in mundgerechte Stücke schneiden. Die Zwiebeln schälen und in große Stücke schneiden.

Zubereitungszeit
20 Minuten

Koch- und Bratzeit
1 Stunde und 50 Minuten

2. Das Öl in einem Bräter erhitzen und das Fleisch darin portionsweise anbraten. Dann die Zwiebeln im Bratfett kurz goldbraun anrösten, das gesamte Fleisch in den Topf geben und kräftig mit Salz und Pfeffer würzen. Mit 750 ml heißem Wasser ablöschen und Kümmel und Nelken dazugeben. Bei geschlossenem Deckel und mittlerer Hitze etwa 90 Minuten schmoren.

Zutaten
1 kg Gulasch,
Rind- und Schweinefleisch
500 g Zwiebeln
3 EL Öl
Salz
Pfeffer
1 TL Kümmelsaat
2 Gewürznelken
1 Salatgurke
2 Scheiben Pumpernickel
2–3 EL scharfer Senf
1 EL gehackte Petersilie

3. Die Gurke längs halbieren, die Kerne entfernen und in Würfel schneiden. Den Pumpernickel zerbröseln. Die Gurke und den Pumpernickel zum Fleisch geben und weitere 10 Minuten kochen lassen. Den Senf (je nach Geschmack zwei oder drei Esslöffel) in die Soße rühren und mit Salz und Pfeffer abschmecken. Das Senffleisch auf Tellern anrichten und mit Petersilie bestreut servieren.

Dazu schmecken Salzkartoffeln und Gemüse der Saison oder ein bunter Salat.

Sauerbraten nach Sachsen Art

Für 4 Personen

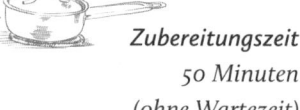

Zubereitungszeit
50 Minuten
(ohne Wartezeit)

Kochzeit
40 Minuten

Zutaten
1 Bund Suppengrün
2 Knoblauchzehen
250 ml Rotweinessig
Salz
Pfeffer
8–10 Wacholderbeeren
5 Gewürznelken
3 Lorbeerblätter
2–3 EL Zucker
1 kg Rindfleisch, aus der
Schulter
180 g fetter Speck
2 EL Butterschmalz
2 EL Mehl
2 EL Tomatenmark
250 ml Fleischbrühe
80 g Lebkuchen

1. Suppengrün putzen, schälen, waschen und in kleine Würfel schneiden. Knoblauch schälen und hacken. 500 ml Wasser mit Essig, Salz, Pfeffer, Wacholderbeeren, Nelken, Lorbeerblättern und Zucker aufkochen. Gemüse und Knoblauch dazugeben, aufkochen und einige Minuten wallen lassen.

2. Das Fleisch waschen und trocken tupfen. Speck in feine Stifte schneiden, den Braten damit spicken und dann mit der heißen Marinade übergießen. Abgedeckt ein bis zwei Tage ziehen lassen. Dann das Fleisch und auch das Gemüse aus der Marinade nehmen, das Fleisch trocken tupfen und das Gemüse abtropfen lassen. Marinade beiseitestellen.

3. Butterschmalz in einem Bräter auslassen und das Fleisch darin von allen Seiten scharf anbraten. Gemüse und Gewürze aus der Marinade ebenfalls kurz anrösten. Mit Mehl bestäuben, Tomatenmark unterrühren und mit der Fleischbrühe und der Marinade ablöschen. Mit geschlossenem Deckel und bei mittlerer Hitze etwa 40 Minuten schmoren. Fleisch herausnehmen und kurz warm halten.

4. Den Lebkuchen zerbröseln und in die Soße rühren. Soße durch ein Sieb passieren und ggf. noch einmal mit Salz, Pfeffer und Zucker abschmecken. Fleisch in Scheiben schneiden, auf einer Fleischplatte anrichten. Dazu schmecken Rotkohlgemüse und Bandnudeln oder Kartoffelknödel.

Sächsischer Wiezebraten

Für 4 Personen

I. Hackfleisch mit Semmelbröseln und Eiern vermischen. Zwiebeln schälen und fein würfeln. Sardellenfilets fein hacken und mit Kapern und Zwiebeln unter die Fleischmasse mischen. Mit Senf, Salz und Pfeffer würzen. Fleisch zu einem Laib formen. Den Backofen auf 200 °C vorheizen.

2. Butterschmalz in einem Bräter auslassen und den Braten darin von allen Seiten anbraten, dann mit den Speckscheiben belegen. Etwa 300 ml Wasser angießen und im Backofen etwa 60 Minuten garen, dabei zwischendurch immer wieder mit saurer Sahne bestreichen, ggf. noch etwas Wasser nachgießen. Den Braten aus dem Ofen nehmen, in Scheiben schneiden und den Bratenfond mit in Wasser angerührter Speisestärke binden.

Dazu Salzkartoffeln und Salat servieren.

Zubereitungszeit
30 Minuten

Kochzeit
60 Minuten

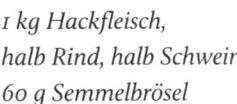

Zutaten
1 kg Hackfleisch,
halb Rind, halb Schwein
60 g Semmelbrösel
2 Eier
2 Zwiebeln
5–6 Sardellenfilets,
aus dem Glas
1 TL Kapern
2 EL Senf
Salz
Pfeffer
40 g Butterschmalz
50 g Speck,
in Scheiben
80 g saure Sahne
20 g Speisestärke

Sächsischer Kaninchenbraten

Für 4 Personen

Zubereitungszeit
40 Minuten

Schmorzeit
50 Minuten

Zutaten
1 Zwiebel
2 Knoblauchzehen
1 Kaninchen (etwa 2 kg)
Salz
Pfeffer
Saft von 1 Zitrone
100 g Butterschmalz
120 ml Weißwein
3 EL Crème fraîche

1. Zwiebel und Knoblauchzehen schälen und fein hacken. Das Kaninchen waschen, trocken tupfen und zerteilen (Vorder- und Hinterläufe, Rücken, Brust). Die Teile mit Salz und Pfeffer einreiben und mit Zitronensaft beträufeln. Den Backofen auf 180 °C vorheizen.

2. Das Butterschmalz in einer weiten Pfanne auslassen und zuerst die Schenkel darin anbraten. Dann die übrigen Teile dazugeben und ebenfalls anbraten. Anschließend Zwiebel und Knoblauch dazugeben, auf mittlerer Hitze anbraten. Wenn die Zwiebeln glasig sind, etwa 500 ml heißes Wasser angießen.

3. Den Deckel auflegen und das Kaninchen etwa 30 Minuten im Backofen schmoren lassen. Dann den Deckel abnehmen und weitere 20 Minuten fertig garen. Das Fleisch aus der Pfanne nehmen, kurz warm halten. Den Fleischsud mit dem Weißwein zum Kochen bringen, die Hitze reduzieren und Crème fraîche unterziehen, mit Salz und Pfeffer abschmecken. Das Fleisch auf einer Fleischplatte anrichten, mit etwas Soße begießen und mit der Petersilie bestreut servieren.

Tipp

Das Zerteilen eines Kaninchens ist nicht schwer. Dazu das Kaninchen auf den Rücken legen, die Keulen leicht einschneiden, aufbrechen und ablösen. Die Vorderläufe auf die gleiche Weise auslösen. Die Bauchlappen entlang der Rippenknochen mit einer Küchenschere abschneiden (können aber auch belassen werden) und anschließend die Knorpel und die Halsknochen entfernen. Das Kaninchen abschließend halbieren und die Fleischränder vom Rücken abschneiden. Sollte Ihnen das dennoch zu schwierig erscheinen, bitten Sie Ihren Metzger, das Kaninchen für Sie zu zerteilen.

Sächsischer Schweinebraten

Für 4 Personen

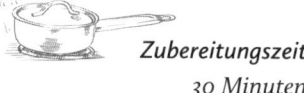

Zubereitungszeit
30 Minuten

Koch- und Backzeit
2 Stunden

Zutaten
2 Möhren
1 Sellerieknolle
2 mittelgroße Zwiebeln
2 kg Schweineschulter
mit Schwarte
Salz
1 Lorbeerblatt
3 Gewürznelken
250 ml Fleischbrühe
125 ml helles Bier
100 ml Sahne

Außerdem
Alufolie

I. Die Möhren und die Sellerieknolle schälen, waschen und in nicht zu kleine Stücke schneiden. Die Zwiebeln schälen und würfeln. Das Fleisch waschen, trocken tupfen. Die Schweineschwarte kreuzförmig mit einem scharfen, spitzen Messer einritzen und das Fleisch salzen. Den Backofen auf 180 °C vorheizen.

2. Das Fleisch mit dem Gemüse, Lorbeerblatt und Gewürznelken in einen Topf geben und die Fleischbrühe dazugießen. Im Backofen etwa 90 Minuten garen lassen. Nach dieser Zeit das Bier zugießen und weitere 30 Minuten garen.

3. Den Braten aus dem Fond nehmen und in Alufolie gewickelt warm stellen. Den Soßenfond mit etwas heißem Wasser loskochen und mit der Sahne verrühren. Das Fleisch in nicht zu dünne Scheiben schneiden und auf einer Fleischplatte anrichten. Etwas von der Soße darübergießen und mit Kartoffelklößen servieren. Den Rest der Soße separat servieren.

Freiberger Rostbraten

1. Das Fleisch waschen, trockentupfen und mit Salz und Pfeffer einreiben. Zwiebeln schälen und würfeln. Das Gemüse putzen, waschen, schälen und in feine Streifen schneiden.

2. Das Öl in einer Pfanne erhitzen und die Roastbeefscheiben darin etwa 2 Minuten von beiden Seiten anbraten. Zwiebeln und Gemüse dazugeben und kurz anschmoren. Mit Fleischbrühe aufgießen und etwa 20 Minuten köcheln lassen, bis das Gemüse gar ist. Das Fleisch aus der Pfanne nehmen, die Soße mit saurer Sahne und Rotwein verfeinern und mit Salz und Pfeffer abschmecken.

Alles auf Tellern anrichten und mit Bratkartoffeln oder Nudeln servieren.

Für 4 Personen

Zubereitungszeit
20 Minuten

Koch- und Bratzeit
25 Minuten

Zutaten
4 dicke Scheiben
Roastbeef (je 200 g)
Salz
Pfeffer
2 Zwiebeln
1 Möhre
1 Sellerieknolle
4 EL Öl
250 ml Fleischbrühe
125 ml saure Sahne
150 ml trockener Rotwein

Dresdner Krautwickel

Für 4 Personen

I. Zum Lösen der Weißkohlblätter den Kohl in heißes Salzwasser legen und kurz darin ziehen lassen. Vorsichtig etwa 12 Blätter von dem Strunk ablösen, gut trocken tupfen und die dicken Blattrippen mit einem Messer keilförmig herausschneiden. Das Rauchfleisch in kleine Würfel schneiden.

2. Die Zwiebeln schälen, in kleine Würfel schneiden, die Hälfte zum Hackfleisch geben und mit Rauchfleisch, Semmelbröseln, Eiern, Petersilie, Salz und Pfeffer gut verkneten. Je nach Größe der Blätter jeweils 2–3 Kohlblätter zusammenlegen und die vorbereitete Hackfleischfüllung darauf verteilen. Blattränder einschlagen, Blätter aufrollen. Rouladen kreuzweise mit Küchengarn umwickeln.

3. Das Schmalz in einem Bräter erhitzen und die Kohlrouladen darin rundum hellbraun anbraten. Die übrigen Zwiebeln dazugeben und kurz anrösten. Mit der Brühe ablöschen und bei geschlossenem Deckel bei mittlerer Hitze 40–50 Minuten schmoren.

4. Die Rouladen aus dem Topf nehmen und warm halten. Die Flüssigkeit erneut aufkochen lassen, Hitze reduzieren, Crème fraîche einrühren und 2 Minuten köcheln lassen. Mit Salz und Pfeffer abschmecken und mit der Mehlbutter binden. Die Kohlrouladen auf Tellern anrichten, mit etwas Soße begießen. Die übrige Soße separat reichen.

Zubereitungszeit
40 Minuten

Bratzeit
etwa 40–50 Minuten

Zutaten
1 großer Weißkohl
150 g Rauchfleisch
4 Zwiebeln
600 g Hackfleisch
4 EL Semmelbrösel
2 Eier
1 EL gehackte
Petersilie
Salz
Pfeffer
2 EL Butterschmalz
300 ml Gemüsebrühe
100 ml Crème fraîche
Mehlbutter

Außerdem
Küchengarn

Sächsische Schlachtplatte

Für 4 Personen

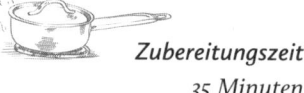

Zubereitungszeit
35 Minuten

Koch- und Backzeit
50 Minuten

Zutaten
600 g Schweinebauch,
mit Schwarte
Salz
Pfeffer
1 Zwiebel
400 g Sauerkraut
1 EL Butterschmalz
1 TL Kümmelsaat
1 Prise Zucker
4 Scheiben Rotwurst
4 kleine Leberwürste
4 Rostbratwürste
1 EL Öl

1. In einem Topf etwa 500 ml Wasser zum Kochen bringen und den Schweinebauch mit der Schwarte nach unten in das Wasser legen. Die Hitze reduzieren und das Fleisch etwa 20 Minuten bei kleiner Hitze köcheln lassen.

2. Den Schweinebauch aus dem Wasser heben, abtropfen lassen und die Schwarte mit einem scharfen Messer rautenförmig einschneiden. Den Schweinebauch mit Salz und Pfeffer würzen und auf dem Grillgitter im Backofen bei 80 °C etwa 30 Minuten backen lassen.

3. Währenddessen die Zwiebel schälen und in kleine Würfel schneiden. Das Sauerkraut etwas auseinander zupfen. Das Butterschmalz in einem hohen Topf erhitzen und die Zwiebeln darin glasig andünsten. Das Sauerkraut dazugeben und ebenfalls kurz anrösten. Die Gewürze dazugeben und das Ganze bei geschlossenem Topf 20 Minuten köcheln lassen. Evtl. etwas Wasser angießen.

4. Die Würste auf das Sauerkraut legen und 10 Minuten auf dem Kraut erwärmen. Die Grillfunktion des Backofens auf 200 °C stellen und die Schweinebauchschwarte knusprig braun grillen. Die Rostbratwürste in einer Pfanne mit heißem Öl fertig braten. Das Sauerkraut auf einer Platte anrichten und mit den Würsten belegen. Den Schweinebauch in Scheiben schneiden und das Sauerkraut damit umlegen. Dazu Salzkartoffeln reichen.

Gänsebraten
auf sächsische Art

Für 4 Personen

1. Die Gans von innen und außen waschen und trocken tupfen, eventuell vorhandene Federkiele entfernen. Anschließend von innen und außen mit Salz und Pfeffer einreiben. Die Äpfel waschen und die Kerngehäuse mit einem Ausstecher entfernen. Die Zwiebeln schälen und in grobe Würfel schneiden. Den Backofen auf 220 °C vorheizen.

2. Die Gans mit den zwei Äpfeln, Zwiebeln und den Beifußzweigen füllen und die Bauchöffnung mit Küchengarn zunähen. Die Gans mit einem spitzen Messer rundherum mehrfach, gleichmäßig einstechen, damit das Fett auslaufen kann. Dann im Backofen auf den Backofenrost über die mit Wasser gefüllte Fettpfanne legen und etwa 45 Minuten garen. Hin und wieder mit etwas kaltem Wasser begießen.

3. Dann die Hitze auf 170 °C reduzieren, die Gans auf die Bauchseite legen und 30 Minuten garen. Anschließend wieder auf den Rücken legen und weitere 75 Minuten braten. Die Gans ist gar, wenn man sie am Oberschenkel tief einsticht und nur klarer Fleischsaft austritt. Die Gans vor dem Servieren abgedeckt etwa 20 Minuten ruhen lassen, dann tranchieren, auf einer Fleischplatte anrichten und zu Tisch bringen.

Dazu schmecken Rosenkohl, Rotkohl und Kartoffelknödel.

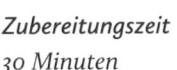

Zubereitungszeit
30 Minuten

Garzeit
2 Stunden und 50 Minuten

Zutaten
1 Gans, etwa 4 kg
Salz
Pfeffer
2 große Äpfel,
z. B. Boskop
2–3 Zwiebeln
4 Zweige Beifuß

Außerdem
Küchengarn

Radeberg

Radeberg, im Südwesten des sächsischen Landkreises Bautzen gelegen, feiert im Jahr 2019 sein 800-jähriges Jubiläum. Die Große Kreisstadt, auch »Bierstadt« genannt, liegt im Naturraum des Westlausitzer Hügel- und Berglandes.

In Radeberg ist eine Menge Kultur und Lebensart zu finden; angefangen von Schloss Klippenstein, dem kulturellen Aushängeschild und gleichzeitig ältesten Bauwerk Radebergs, über den Marktplatz bis zur bekannten Radeberger Exportbierbrauerei. Der Natur kann man sich in Radeberg nicht entziehen und so ist das Hüttetal ideal für ausgedehnte Wanderungen. Der botanische Blindengarten lädt zu Sinnesentdeckungen der besonderen Art und die Dresdner Heide lässt sich hervorragend auf Streifzügen mit dem Rad oder in schneereichen Wintern per Ski erkunden. Ortsteile wie Großerkmannsdorf, Liegau-Augustbad und Ullersdorf eignen sich für ein individuelles Kennenlernen und laden mit ihren Gaststätten zum Schmausen und Verweilen ein.

Von Radeberg liegt Bautzen rund 42 Kilometer entfernt.

Bautzen

Das historische Bautzen ist Hauptstadt des Landkreises Oberlausitz. Im Herzen der Oberlausitz gelegen ist die Stadt der ideale Ausgangspunkt für Ausflüge in das Oberlausitzer Bergland und in das Biosphärenreservat Oberlausitzer Heide- und Teichlandschaft. Aber Bautzen bietet nicht nur ein abwechslungsreiches touristisches Umfeld, sondern selbstverständlich gibt es auch in der Stadt selbst eine Menge zu sehen. Berühmt ist vor allem die historische Altstadt mit den vielen Türmen sowie ihrem interessanten deutschen und sorbischen Kulturleben. Überaus lohnenswert ist ein Rundgang durch die Altstadt mit

Portal des Domstifts in Bautzen

Abstechern in die Kirchen St. Petri, in die Taucherkirche und in die Michaeliskirche. Auch ein Besuch in einem der zahlreichen Museen (Museum Bautzen, Domschatzkammer St. Petri, Bautz'ner Senfladen – Manufaktur & Museum, um nur einige zu nennen) oder in einer der bekannten Galerien sollte nicht fehlen. Aussichtstürme, die in der gesamten Oberlausitz in großer Vielzahl vorhanden sind, finden sich auch im Stadtgebiet. So bieten Schiefer Turm, Lauenturm, der Turm von St. Petri sowie die Alte Wasserkunst neben herrlichen Ausblicken auch Wissenswertes rund um das jeweilige Gebäude.

In rund 50 Kilometern Entfernung von Bautzen liegt Görlitz.

Görlitz

Görlitz, die östlichste Stadt Deutschlands und größte Stadt der Oberlausitz, wird mit über 4000 größtenteils restaurierten Kultur- und Baudenkmälern oft als das flächengrößte zusammenhängende Denkmalgebiet Deutschlands bezeichnet! Hier befinden sich Bauten der verschiedensten Epochen – von der Gotik über die Renaissance bis zur Gründerzeit und dem Jugendstil. Im Zweiten Weltkrieg komplett erhalten, fasziniert vor allem die Altstadt mit ihren wunderschönen Bauten, den reich verzierten Fassaden, kunstvollen Gewölben und bemalten Decken aus den verschiedenen Epochen. Die spätgotische Peterskirche

Das Alte Rathaus von Görlitz

mit ihren zwei Türmen und der Sonnenorgel aus dem 18. Jahrhundert ist ebenso einen Besuch wert wie der aus der Frührenaissance stammende Schönhof. Dort befindet sich heute das Schlesische Museum mit Ausstellungen zur deutschen, polnischen und tschechischen Kunst und Geschichte.

Kultur wird in Görlitz, das auf eine lange Geschichte zurückblicken kann, nahezu überall großgeschrieben. Besondere Veranstaltungen wie das Altstadtfest, der Tag des offenen Denkmals, das Sommertheater und das Straßentheaterfestival ViaThea sowie der Schlesische Christkindelmarkt sind beliebte Publikumsmagnete und ziehen Jahr für Jahr unzählige Besucher in ihren Bann.

Zum Erkunden laden zudem weitere zahlreichen Museen, z. B. das Kulturhistorische Museum und das Lausitzmuseum ein. Auch die Galerien der Stadt, z. B. die Galerie Brüderstraße, sind einen Besuch wert.

Von Görlitz liegt Zittau in rund 35 Kilometern Entfernung.

Zittau

Die Große Kreisstadt Zittau liegt im Landkreis Görlitz im äußersten Südosten Sachsens im Dreiländereck Deutschland-Polen-Tschechien und bietet grenzenlose Urlaubserlebnisse. Die über 750 Jahre alte Stadt wurde einst, innerhalb des Oberlausitzer Städtebundes, als »Die Reiche« gepriesen. Der historische Stadtkern ist nahezu lückenlos erhalten geblieben; Straßen, verwinkelte Gassen und Plätze werden gesäumt von Gebäuden aus Zeitepochen wie Renaissance, Barock und Klassizismus. Anstelle einer Stadtmauer ist die historische Innenstadt seit dem 19. Jahrhundert von einem Grünen Ring mit wertvollem Baumbestand und anderen botanischen Besonderheiten umgeben. Imposante Gebäude wie das klassizistische Stadtbad von 1873, die Fleischerbastei, das Gerhart-Hauptmann-Theater oder die Kreuz- und die Weberkirche prägen diese Ringbebauung.

Magnet für unzählige Besucher und einzigartig in Deutschland sind die Zittauer Fastentücher, die im Museum Kirche zum Heiligen Kreuz und im Museum Franziskanerkloster zu bestaunen sind.

In rund 90 Kilometern Entfernung von Zittau befindet sich Kamenz.

Kamenz

Die Lessingstadt Kamenz, im Landkreis Bautzen gelegen, kann auf eine fast 800-jährige Geschichte zurückblicken. Im Jahre 1225 erstmalig erwähnt, gelangte Kamenz bereits im Mittelalter zu Reichtum und Unabhängigkeit. Diese Tatsache ist vor allem der Lage an der königlichen Handelsstraße Via Regia und der Mitgliedschaft im 1346 zusammen mit Bautzen, Löbau, Zittau, Görlitz und Lauban gegründeten Oberlausitzer Sechsstädtebund zu verdanken.

Die Innenstadt von Kamenz ist überaus sehenswert. Entdecken Sie das Rathaus, das sich majestätisch über den roten Ziegeldächern am Marktplatz erhebt. Erkunden Sie die Reste der mittelalterlichen Stadt- und Klosterbefestigung, vor allem den Roten Turm, die Stadtschreiberbastei, den Pichschuppen, die Mönchsmauer und das Klostertor. Flanieren Sie im Arkadengang der Fleischbänke. Erleben Sie die Stadtgeschichte hautnah in der Ausstellung im Malzhaus oder dem Museum der Westlausitz, wo auch vieles über die Kultur- und Naturgeschichte der ganzen Region zu erfahren ist.

Gerichte mit Fisch

Dresdner Matjessalat

Für 4 Personen

I. Matjes in I cm breite Streifen schneiden. Gurke schälen, längs halbieren, die Kerne entfernen und würfeln. Eine Zwiebel schälen und fein würfeln. Sellerie putzen und in feine Stücke schneiden. Petersilie und Dill waschen, gut trocken schütteln und jeweils fein hacken. Die Äpfel waschen, schälen, vierteln, vom Kerngehäuse befreien und in kleine Würfel schneiden.

2. Essig mit Pfeffer und Worcestersauce verrühren, die Kräuter und die Zwiebel dazugeben, und das Öl unterziehen. Matjes und Äpfel dazugeben unterheben und den Salat 3–4 Stunden abgedeckt im Kühlschrank durchziehen lassen. Vor dem Servieren noch einmal abschmecken. Die zweite Zwiebel schälen, in Ringe schneiden und den Salat damit garnieren.

Dazu schmecken Pellkartoffeln oder ein würziges Graubrot.

Zubereitungszeit
20 Minuten
(ohne Wartezeit)

Zutaten
3 Matjesfilets,
Doppelmatjes
1/4 Salatgurke
2 Zwiebeln
2 Stangen
Staudensellerie
Jeweils 1 Bund Petersilie und
Dill
2 Äpfel, säuerlich
4 EL Essig
Pfeffer, schwarz
1 TL Worcestersauce
4 EL Öl

Karpfen nach Art der Sachsen

Für 4 Personen

I. Die Karpfenfilets waschen und trockentupfen. Die Eier kräftig mit Salz und Pfeffer verquirlen. Die Fischfilets panieren, dazu zuerst rundum salzen, in Mehl wenden, überschüssiges Mehl abklopfen, durch die verquirlten Eier ziehen und anschließend in dem Semmelmehl von beiden Seiten wälzen. Danach etwa 10 Minuten ruhen lassen.

2. Reichlich Butterschmalz in einer großen Pfanne auslassen und die Karpfenfilets darin goldbraun und knusprig braten. Anschließend auf Küchenpapier abtropfen lassen, auf Tellern anrichten und mit Petersilie bestreut servieren.

Dazu schmecken Salzkartoffeln, Bratkartoffeln und Salat oder Gemüse der Saison.

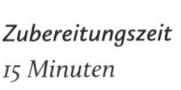

Zubereitungszeit
15 Minuten
(ohne Wartezeit)

Bratzeit
etwa 3–4 Minuten

Zutaten
1,5 kg Karpfenfilets,
portioniert je 200–250 g
2–3 Eier
Salz
Pfeffer
Mehl
Semmelmehl, zum Panieren
5 EL Butterschmalz
1 EL gehackte Petersilie

Chemnitz

Chemnitz, am Nordrand des Erzgebirges gelegen, ist eine moderne, lebendige und dynamische Metropole, weshalb sie auch selbstbewusst »Stadt der Moderne« genannt wird.

Im Jahre 1143 erstmals urkundlich erwähnt, entwickelte sich die Stadt in der Zeit der Industrialisierung zu einer der wichtigsten Industriestädte Deutschlands. Chemnitz hat unzählige Sehenswürdigkeiten zu bieten. Museen, Baudenkmäler, futuristische Gebäude der Neuzeit, Kirchen, Industriedenkmäler, sanierte Gründerzeitviertel etc. prägen das Stadtbild und laden Besucher und Interessierte zu Entdeckungstouren ein.

In der Innenstadt findet man z. B. die Galerie Roter Turm, das Rathaus oder das gläserne Kaufhaus, den Rosenhof sowie die Innere Klosterstraße mit der Rathaus-Passage.

Für Kulturbegeisterte sind auch die Burg Rabenstein und das Wasserschloss Klaffenbach sowie das Karl-Marx-Monument sehenswert.

Die Städtischen Theater mit dem Opernhaus, dem Schauspielhaus, der Robert-Schumann-Philharmonie sowie dem Figurentheater offerieren jeweils mit wechselnden Aufführungen und bemerkenswerten Inszenierungen ein vielfältiges Kulturangebot. Im Jahr 2007 hat in Chemnitz eine der größten privaten deutschen Kunstsammlungen Einzug gehalten: Im Museum Gunzenhauser können Besucher fast 2.500 bedeutende Werke der klassischen Moderne, der Kunst zwischen den Weltkriegen und der zweiten Hälfte des 20. Jahrhunderts bewundern. Darunter eine der weltweit größten Otto-Dix-Sammlungen.

Auch Erholungssuchende kommen nicht zu kurz, denn im Stadtgebiet und der direkten Umgebung von Chemnitz gibt es drei Naturschutzgebiete (Um den Eibsee, Am Schusterstein und Am nördlichen Zeisigwald) sowie zahlreiche Landschaftsschutzgebiete. Dazu zählen zum Beispiel das Chemnitztal, das Sternmühlental und der Rabensteiner Wald.

Von Chemnitz sind es 44 Kilometer nach Zwickau.

Zwickau

Zwickau, die viertgrößte sächsische Stadt, kann auf eine fast 900-jährige Geschichte, welche von Bergbau, Reformation und großen Persönlichkeiten wie Robert Schumann, August Horch und Max Pechstein erzählt, zurückblicken. Zwickau, wo die Menschen einst im Silber- und Steinkohlenbergbau Arbeit fanden, ist die Wiege der sächsischen Automobilindustrie. Seit über hundert Jahren ist hier der Automobilbau zu Hause, der die Stadt zu Ostdeutschlands Automobilstadt Nr. 1 macht. Aus diesem Grund findet der Besucher auch mehrere Ausstellungen und Museen (z. B. August Horch Museum, AUTOmobile Trabantausstellung), die sich dem Thema Auto widmen.

Historische Bauwerke, wie das Gewandhaus, das Robert-Schumann-Haus Zwickau, das Dünnebierhaus, Schloss Osterstein, die Alte Münze oder das Rathaus am Hauptmarkt, sind ebenso sehenswert wie die Sakralbauten (z. B. der Dom St. Marien, die Lukaskirche oder die Katharinenkirche). Auch imposante Brückenbauten prägen das Stadtbild. So die Paradiesbrücke, die die Zwickauer Mulde in Richtung Stadtzentrum überquert und 1900 fertiggestellt wurde. Die Brücke ist eine genietete Eisenfachwerkkonstruktion und als solche ein technisches Kulturdenkmal. Heute dient sie nur noch als Fußgängerbrücke. Die älteste erhaltene sächsische Holzbrücke ist ebenfalls in Zwickau zu finden. Der Röhrensteg führt am Erlenbad über die Zwickauer Mulde. Über hölzerne Röhren – daher der Name – wurde Trinkwasser in die Brunnen der Stadt geleitet.

Für Unterhaltung sorgt das Musik- und Konzertleben der Stadt, welches eine Vielzahl an attraktiven, hörenswerten Höhepunkten von Klassik bis Rock bereithält. Egal, ob im Konzert- und Ballhaus Neue Welt oder der Stadthalle, hier kommt jeder Musikliebhaber auf seine Kosten.

Rund 42 Kilometer entfernt von Zwickau liegt Plauen.

Plauen

Die architektonisch überaus reizvolle Stadt Plauen ist die größte Stadt des Vogtlandes. Über die Landesgrenzen hinaus bekannt wurde die Stadt durch die Plauener Spitze. Im Jahr 1900 auf der Weltausstellung in Paris mit dem Grand Prix ausgezeichnet, erlangte diese Stickerei, nicht zuletzt wegen dieser Auszeichnung, Weltruhm. Im Spitzenmuseum und in der Schaustickerei Plauener Spitze können sich Interessierte heute noch von der Entstehung und Entwicklung der klassischen Plauener Spitze bezaubern lassen.

Besuchen Sie den alten Stadtkern um den Altmarkt, sorgfältig und liebevoll restauriert, mit seinen kleinen, schmalen Gassen. Dort befindet sich auch das Vogtlandmuseum mit Wissenswertem über regionales Brauchtum und das Plauener Malzhaus – heute Kultur- und Kommunikationszentrum. Auch das Alte Rathaus, das Wahrzeichen der Stadt mit seinem wunderschönen Renaissancegiebeln ist dort zu finden. Beeindruckend ist auch die kunstvolle Uhr am Rathaus – ein Meisterwerk der Uhrmacherzunft. Wer fit ist und die 230 Stufen bis zur Aussichtsplattform des Turms vom Neuen Rathaus überwunden hat, dem bietet sich ein wunderschöner Blick über die Stadt bis weit ins Vogtland hinein. Ebenfalls empfehlenswert ist ein Abstecher ins Erich-Ohser-Haus. Der geniale Zeichner und Karikaturist ist besonders mit seinen Vater-und-Sohn-Geschichten weltweit bekannt geworden. Weitere Sehenswürdigkeiten der Stadt sind z. B. die St. Johanniskirche, die Schlossruine, die Konventsgebäude, die Weberhäuser, die Lutherkirche sowie die Friedensbrücke und der Klostermarkt. Des Weiteren halten auch Schloss Mühltroff, das Rathaus in Pausa mit der Erdkugel und viele weitere Sehenswürdigkeiten in der nahen Umgebung unvergessliche Erlebnismomente für Besucher bereit. In der Vogtländischen Schweiz ist unter anderem die Talsperre Pöhl ein beliebtes Ausflugsziel. Wassersport-, Wander- und Radfahrfreunde kommen dort ebenso wie Kulturinteressierte voll auf ihre Kosten.

Kuchen und Torten

Sächsische Quarkkeulchen

Für 4 Personen

I. Die Kartoffeln waschen und in der Schale wie gewohnt zu Pellkartoffeln gar kochen. Abgießen, mit kaltem Wasser abschrecken, pellen und vollständig auskühlen lassen. Ein Sieb mit einem Mulltuch auslegen und den Quark darin gut abtropfen lassen.

2. Die Kartoffeln durch die Kartoffelpresse drücken und mit Quark, Mehl, Salz, Zitronenschale, Eiern, Zucker und Rosinen zu einem glatten Teig rühren. Mit bemehlten Händen aus der Masse nicht zu große Klöße formen und diese dann flach drücken.

3. Butterschmalz in einer hohen Pfanne auslassen und die Quarkkeulchen darin portionsweise von beiden Seiten goldbraun backen. Auf Küchenpapier abtropfen lassen und bis zum Verzehr warm stellen. Weiter so verfahren, bis der Teig aufgebraucht ist. Noch warm mit Zucker und Zimt bestreut servieren. Sehr lecker schmecken die Quarkkeulchen mit Apfelkompott.

Tipp

Wenn Sie mögen, können Sie die Rosinen vor der Verarbeitung noch einige Stunden in Rum einlegen.

Zubereitungszeit
45 Minuten

Koch- und Bratzeit
einige Minuten

Zutaten
1 kg Kartoffeln, vorwiegend festkochend
500 g Quark
200 g Mehl
1 TL Salz
Schalenabrieb von 1 Zitrone
4 Eier
150 g Zucker
100 g Rosinen
150 g Butterschmalz

Außerdem
Kartoffelpresse
1 Mulltuch
Zucker und Zimt
zum Bestreuen

Sächsischer Klecckselkuchen

Für 4 Personen

Zubereitungszeit
45 Minuten (ohne Wartezeit)

Backzeit: 30 Minuten

Zutaten
Für den Teig
50 g Butter
1 Würfel frische Hefe
375 g Mehl
50 g Zucker
1 Prise Salz

Für die Füllung
100 g Zucker
200 g Löffelbiskuits
175 g Mohn, gemahlen
50 g Butter
4 Eier
500 g Quark, Magerstufe
75 g Zucker
50 g Mehl

Für die Streusel
200 g Mehl
175 g Zucker
1 Prise Salz
2 Tropfen Butter-Vanille-Aroma
Saft von 1 Zitrone
100 g Butter
200 g Erdbeerkonfitüre

1. Für den Teig die Butter schmelzen. Die Hefe etwas zerbröckeln und in 200 ml lauwarmem Wasser auflösen. Mehl mit Zucker und Salz in eine Rührschüssel geben. Butter und Hefe zugießen und das Ganze mit dem Knethaken des Handrührgeräts zu einem glatten Teig verarbeiten. Abgedeckt an einem warmen Ort etwa 30 Minuten gehen lassen.

2. Für die Mohn-Creme-Füllung 250 ml Wasser mit dem Zucker aufkochen. Löffelbiskuit fein zerdrücken, mit dem Mohn in eine Schüssel geben und mit der Zuckerlösung übergießen. Butter und 2 Eier unterrühren, die Masse etwas abkühlen lassen. Währenddessen den abgetropften Quark mit Zucker, Mehl und den übrigen Eiern glatt rühren.

3. Für die Streusel das Mehl mit Zucker und Salz mischen. Vanillearoma und Zitronensaft zur Mehlmischung geben und mit der Butter zu Streuseln verarbeiten. Den Backofen auf 200 °C vorheizen.

4. Den Hefeteig mit den Händen kräftig durchkneten und auf dem mit Butter gefetteten Backblech ausrollen. Die Mohn- und die Quarkmasse abwechselnd diagonal in Streifen auf den Teig streichen. Konfitüre in Klecksen auf dem Kuchen verteilen, die Streusel darüber streuen. Im Backofen etwa 30 Minuten goldbraun backen. Auskühlen lassen, in Stücke schneiden und mit frischer Schlagsahne servieren.

Sächsisches Bäbe

Für 4–6 Personen

Zubereitungszeit
45 Minuten (ohne Wartezeit)

Backzeit
etwa 60 Minuten

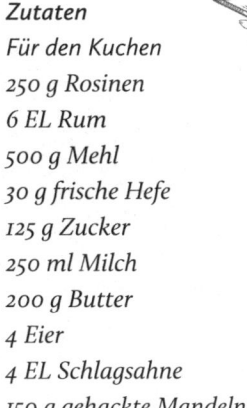

1. Die Rosinen waschen, mit dem Rum übergießen und bei-seitestellen. Das Mehl in eine Schüssel sieben und in die Mitte eine Mulde drücken. Die zerbröselte Hefe mit 1 TL Zucker in etwas lauwarmer Milch glatt rühren und in die Vertiefung gießen. Etwas von dem Mehl darüber stäuben und abgedeckt an einem warmen Ort 30 Minuten gehen lassen.

2. Butter, restliche Milch, Zucker, Eier, Sahne und Mandeln zum Vorteig geben und von der Mitte aus alle Zutaten miteinander vermengen. Die Rosinen trocken tupfen, dazugeben und den Teig so lange durchkneten, bis er glänzt. Erneut abdecken und eine weitere Stunde gehen lassen. Den Backofen auf 200 °C vorheizen.

3. Den Teig noch einmal mit den Händen kräftig durchkneten und in die ausgebutterte und mit Semmelbröseln ausgestreute Napfkuchenform füllen. Im Backofen etwa 60 Minuten backen. Aus dem Ofen nehmen und etwas auskühlen lassen, dann aus der Form lösen und auf einem Kuchengitter vollständig abkühlen lassen.

4. Für die Glasur den Puderzucker sieben und mit 2 Esslöffeln heißem Wasser glatt rühren. Die Butter schmelzen und unterrühren. Bäbe mit der Glasur überziehen und diese fest werden lassen. Den Kuchen auf eine Kuchenplatte setzen und servieren.

Zutaten
Für den Kuchen
250 g Rosinen
6 EL Rum
500 g Mehl
30 g frische Hefe
125 g Zucker
250 ml Milch
200 g Butter
4 Eier
4 EL Schlagsahne
150 g gehackte Mandeln

Für die Glasur
200 g Puderzucker
30 g Butter

Außerdem
Butter und Semmelbrösel für
eine Napfkuchenform
(22–24 cm Ø)

Dresdner Eierschecke

Für 4–6 Personen

I. Für den Teig die lauwarme Milch mit der Hefe und dem Zucker glatt rühren. Das gesiebte Mehl mit Ei und Salz in die Hefemilch geben und mit dem Knethaken glatten Teig kneten. Dabei die Butter nach und nach unterkneten. Abgedeckt an einem warmen Ort 1 Stunde gehen lassen.

2. Für die Füllung das Puddingpulver mit 100 ml Milch glatt rühren, die übrige Milch mit 40 g Zucker aufkochen. Puddingpulver unter Rühren zugießen und 1 Minute köcheln lassen. Den Pudding mit Klarsichtfolie abdecken und abkühlen lassen. Den Quark abtropfen lassen und mit Eiern, Zucker, Salz und Zitronenschale glatt rühren. Die Hälfte des Puddings unter den Quark heben.

3. Für die Decke die Eier trennen und das Eigelb mit 100 g Zucker 5 Minuten cremig-dicklich aufschlagen. Den übrigen Pudding und die Stärke unterschlagen. Eiweiß mit Salz aufschlagen und den übrigen Zucker langsam einrieseln lassen. Weiterschlagen bis der Eischnee steif ist, dann unter die Eigelb-Masse heben. Den Backofen auf 180 °C vorheizen.

4. Den Teig noch einmal kräftig durchkneten und auf das eingefettete tiefe Backblech legen. Flach drücken und gleichmäßig auf dem Blech bis zu den Rändern verteilen. Die Füllung auf den Hefeboden geben und sorgfältig verstreichen. Darauf die Eischnee-Masse verteilen und glatt streichen.

5. Im Backofen auf der untersten Schiene 50–60 Minuten backen. Den Backofen ausschalten und den Kuchen 20 Minuten ruhen lassen, anschließend mindestens 4 Stunden abkühlen lassen. Dann in Stücke schneiden und servieren.

Zubereitungszeit
45 Minuten
(ohne Wartezeit)

Backzeit
etwa 50–60 Minuten

Zutaten
Für den Teig
200 ml Milch
15 g frische Hefe
60 g Zucker
400 g Mehl
1 Ei (Kl. M)
Salz
60 g Butter (weich)

Für die Füllung
2 Pckg. Vanillepudding-Pulver
1 l Milch
240 g Zucker
1 kg Quark, Magerstufe
3 Eier
200 g Zucker
2 TL Zitronenschalenabrieb

Für die Decke
6 Eier
200 g Zucker
2 EL Speisestärke
1 Prise Salz

Für 4 Personen

Heidelbeerzetzen

Zubereitungszeit
25 Minuten
(ohne Wartezeit)

Backzeit
etwa 30 Minuten

Zutaten
1 kg TK-Heidelbeeren
4 Eier
500 ml Milch
2 Prisen Salz
2 EL Zucker
200 g Mehl

Außerdem
Butter für die Form

1. Die Heidelbeeren in einem Sieb auftauen lassen.

2. Eier mit Milch, Salz und Zucker verrühren und dann langsam das Mehl zugeben. Das Ganze zu einem leicht sämigen Teig verarbeiten. Den Teig abgedeckt etwa 30 Minuten ruhen lassen. Den Backofen auf 200 °C vorheizen.

3. Den Teig in eine mit Butter eingefettete Auflaufform füllen und die Heidelbeeren darüber verteilen. Im Backofen etwa 30 Minuten, bis der Rand goldbraun ist, backen. Sofort servieren.

Mohnkuchen »Zwickau«

I. Das Mehl in eine Schüssel sieben und mit den übrigen Teigzutaten zu einem glatten Teig verarbeiten. Den Teig abgedeckt 30 Minuten ruhen lassen. Anschließend in eine mit Butter eingefettete Springform (26 cm Durchmesser) geben und mit einer Gabel mehrmals einstechen. Den Backofen auf 175 °C vorheizen.

2. In einem Topf die Milch mit Zucker, Mohn, Grieß und Schmand verrühren und kurz aufkochen lassen. Etwas abkühlen lassen und über den Teig geben. Im Backofen etwa 30 Minuten backen.

3. Währenddessen für den Belag die Eier trennen und das Eiweiß steif schlagen. Die Eigelbe mit Zucker, Milch und Schmand verrühren und den Eischnee leicht unterheben. Den Belag gleichmäßig auf dem Kuchen verteilen und weitere 20 Minuten backen lassen.

Für 4–6 Personen

Zubereitungszeit
30 Minuten
(ohne Wartezeit)

Backzeit: *50 Minuten*

Zutaten
Für den Teig
150 g Mehl
65 g Zucker
65 g Butter
1 Ei
1 TL Backpulver

Für die Mohnfüllung
1 l Milch
120 g Zucker
125 g Mohn
2 EL Grieß
200 ml Schmand

Für den Belag
2 Eier
1 EL Zucker
1 EL Milch
200 ml Schmand

Info

Dieser Kuchen ähnelt dem Sächsischen Kleckselkuchen, ist aber weniger arbeits- und zeitintensiv.

Dresdner Christstollen

Für 4–6 Personen (2 Stollen)

Zubereitungszeit
45 Minuten (ohne Wartezeit)

Backzeit
etwa 60 Minuten

Zutaten
80 g Hefe
400 ml Milch
1200 g Mehl
600 g Butter
Jeweils etwas
Zitronenschalenabrieb
und Macisblüte, gemahlen
400 g Rosinen
80 g Korinthen
100 g süße Mandeln,
gehackt
10 g bittere Mandeln,
gehackt
150 g Zitronat
100 g Orangeat
100 g Zucker

1. Die Hefe in etwas lauwarmer Milch auflösen und 15 Minuten gehen lassen. Danach mit der übrigen Milch, Mehl, Butter, Zitronenschale und Macisblüten-Pulver zu einem glatten Teig kneten. Die übrigen Zutaten zugeben und den Teig etwa 1 Stunde abgedeckt an einem warmen Ort gehen lassen. Den Backofen auf 180 °C vorheizen.

2. Den Teig zu Stollen formen. Dazu den Teig in zwei gleichmäßig große Stücke teilen und jeweils in längliche Rollen formen. Jeweils in der Mitte etwas flach drücken und danach die dünnere Seite wieder zur Mitte hin aufrollen. Die Stollen auf ein mit Backpapier ausgelegtes Backblech legen und im Backofen etwa 60 Minuten backen.

3. Die Butter schmelzen, den Stollen damit bestreichen und kräftig mit Puderzucker bestäuben. Der Stollen sollte vor dem Verzehr etwa zwei Wochen durchziehen.

Info

Vor mehr als 500 Jahren buken Naumburger Mönche Laibe aus Hefeteig und Rosinen, um damit das in Windeln gewickelte Christuskind darzustellen. Erst ein findiger Dresdner Bäcker fügte Orangeat, Zitronat und weitere Gewürze hinzu und nannte es Christstollen.

Vogtland

Das Vogtland ist eine Region im Grenzgebiet zwischen Bayern, Sachsen, Thüringen und Böhmen. Namensgebend für die Region ist die ehemalige Verwaltung durch die Vögte von Plauen, Gera, Greiz und Weida.

Weite Felder, bunte Wiesen und Wälder machen das Vogtland zu einer beliebten Ferienregion. So finden Skifahrer im Winter hier eine der längsten und schneesichersten Loipen in Deutschland, wenn die Kammloipe zwischen Schöneck im Vogtland und Johanngeorgenstadt im Erzgebirge gespurt ist.

Im Sommer können sich Ruhesuchende an den Talsperren Pirk und Pöhl erholen. Bei Spaziergängen kann man die vielfältige Vogelwelt beobachten und das Pöhler Meer vom Sonnendeck der Fahrgastschiffe aus erleben. Für einen Ausflug mit Kindern bieten sich z. B. der Freizeitpark Plohn sowie die Drachenhöhle Syrau mit ihren Tropfsteinen und den unterirdischen Seen an. Nicht nur für Eisenbahnfans ist sicherlich die Göltzschtalbrücke, die größte Ziegelbrücke der Welt, interessant. Und natürlich gibt es auch für Kulturinteressierte in der Residenzstadt Greiz viel zu entdecken. Insbesondere das Obere Schloss auf dem Schlossberg sowie die zahlreichen anderen Regierungsbauten der Fürsten von Reuß sind für einen Besuch zu empfehlen. Ebenso lädt der Greizer Park, ein Landschaftsgarten im englischen Stil, zu einem Spaziergang ein. Neben der berühmten Plauener Spitze sind auch die Musikinstrumente aus dem vogtländischen Musikwinkel über die Landesgrenzen hinaus bekannt. Um 1900 galt das Vogtland als musikalischer Großlieferant, der ganze Orchester und Musikchöre ausstatten konnte. Von diesen wirtschaftlich glanzvollen Zeiten und dem Wohlstand einer ganzen Region zeugen noch heute zahlreiche prunkvolle Bürgerhäuser. Der Musikwinkel umfasst die Städte Markneukirchen, Erlbach, Klingenthal und Schöneck sowie die dazwischen gelegenen kleineren Gemeinden im sächsischen Vogtland. An keinem anderen Ort gibt es so viele ausgezeichnete Meister des Musikinstrumentenbaus wie in der Region. Auch heute noch geben die über hundert Meisterwerkstätten und mittelständischen Unternehmen interessierten Besuchern einen Einblick in ihr klingendes Handwerk.

Desserts

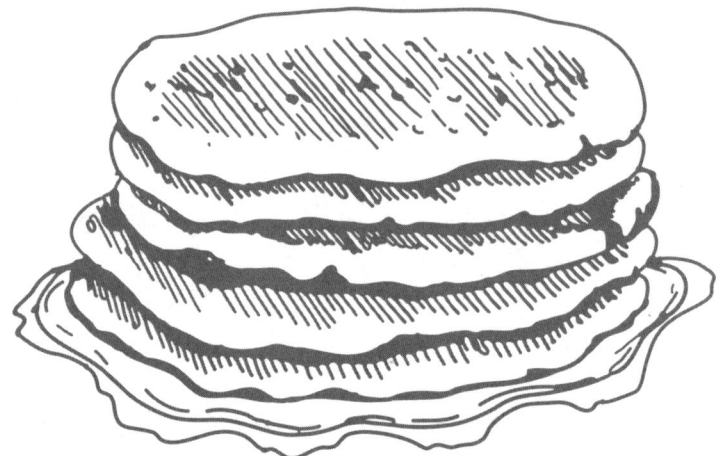

Süße Klöße mit Pflaumenkompott

Für 4 Personen

I. Aus den Teigzutaten einen Hefeteig herstellen. Dazu das Mehl in eine Schüssel sieben, in die Mitte eine Mulde drücken. Die Hefe mit dem Zucker und etwas Milch verrühren und in die Mulde geben. Etwas Mehl darüber streuen. Salz und Butterstückchen auf dem Mehlrand verteilen und zugedeckt etwa 20 Minuten an einem warmen Ort gehen lassen. Dann alles von der Mitte her, unter Zugabe der restlichen Milch, Ei und Salz, rasch zu einem glatten Teig verkneten. Nochmals zugedeckt etwa 30 Minuten gehen lassen.

Zubereitungszeit
20 Minuten
(ohne Wartezeit)

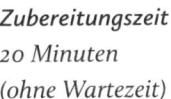

Kochzeit
etwa 30 Minuten

2. Aus dem Teig vier gleich große Klöße formen und auf einem bemehlten Leinentuch abgedeckt weitere 30 Minuten gehen lassen.

Zutaten
Für den Kloßteig
250 g Mehl
15 g Hefe
1 TL Zucker
120 ml Milch
1 TL Salz
25 g Butter
1 Eigelb

3. In dieser Zeit die Pflaumen waschen, halbieren und entkernen. Den Cranberrysaft mit dem Zucker in einem Topf erhitzen und die Pflaumenhälften mit der Schnittfläche nach unten in den Saft setzen. Das Ganze etwa 15 Minuten leise köcheln lassen. Von der Herdplatte ziehen und erkalten lassen.

Für das Kompott
400 g Pflaumen
300 ml Cranberrysaft
1 EL Zucker

4. Die Klöße in einem Dampfgarer etwa 12–15 Minuten garen lassen. Aus dem Topf nehmen, mit Puderzucker bestreuen und mit dem Pflaumenkompott servieren.

Außerdem
1 EL Puderzucker
Leinentuch

Beschwipster Obstsalat

Für 4 Personen

Zubereitungszeit
20 Minuten
(ohne Wartezeit)

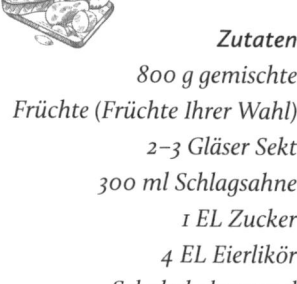

Zutaten
800 g gemischte
Früchte (Früchte Ihrer Wahl)
2–3 Gläser Sekt
300 ml Schlagsahne
1 EL Zucker
4 EL Eierlikör
Schokoladenraspel

1. Die Früchte in mundgerechte Stücke schneiden und mit dem Sekt übergießen. Das Ganze im Kühlschrank für 2 Stunden ziehen lassen.

2. Die Sahne mit dem Zucker steif schlagen. Den Eierlikör unter die Sahne heben. Den Obstsalat mit Schwips in Gläser schichten. Dazu zuerst etwas von den Früchten, dann von der Sahne, wieder Früchte und abschließend wieder Sahne schichten. Zum Schluss die Schokoladenraspel darüber verteilen. Die Gläser vor dem Verzehr mindestens 3 Stunden im Kühlschrank kühlen lassen.

Tipp

Je nach Saison können Sie beliebige Früchte verarbeiten. Auch konservierte oder tiefgekühlte Früchte schmecken gut hier drin.

Sächsische Holunderbeerensuppe

Für 4 Personen

1. Holunderbeeren waschen und mithilfe einer Gabel von den Stielen abstreifen. Die Birnen waschen, halbieren, vom Kerngehäuse befreien und in grobe Stücke schneiden. Holunderbeeren mit Birnenstücken in 1 Liter Wasser mit Zucker, Salz und Zitronenschale in etwa 10–15 Minuten weich kochen.

2. Das Ganze durch ein Sieb streichen, Flüssigkeit auffangen und wieder auf die Herdplatte setzen. Milch mit Speisestärke verrühren und die Suppe damit andicken.

3. Eiweiß mit Zucker steif schlagen und als Kleckse mithilfe eines Esslöffels auf die Suppe setzen. Mit geschlossenem Deckel bei mittlerer Hitze etwa 5 Minuten garen lassen.

Die Holunderbeerensuppe in Suppentassen füllen und heiß servieren.

Zubereitungszeit
30 Minuten

Kochzeit
etwa 15–20 Minuten

Zutaten
400 g Holunderbeeren
2 Birnen
4 EL Zucker
1 Prise Salz
1 TL Zitronenschalenabrieb
50 ml Milch
1 TL Speisestärke
3 Eiweiß
1 EL Zucker zum Bestreuen

Für 4 Personen

Leipziger Lerchen

Zubereitungszeit
20 Minuten (ohne Wartezeit)

Backzeit: etwa 30 Minuten

Zutaten
Für den Teig
250 g Mehl
150 g Butter
75 g Zucker
1 Prise Salz
1 TL Rum

Für die Füllung
125 g weiche Butter
150 g Puderzucker
1 Eigelb
175 g geriebene Mandeln
75 g Mehl
1 EL Speisestärke
2–3 Tropfen
Bittermandel-Aroma
4 Eiweiß
1 TL Zucker
200 g Aprikosenkonfitüre

Außerdem
Klarsichtfolie
12 Tortenförmchen
oder eine 12er Muffinform

1.Aus den Teigzutaten einen Mürbeteig kneten. Dazu das Mehl auf die Arbeitsfläche sieben und mit den übrigen Zutaten mit den Händen rasch zu einem glatten Teig kneten. Den Teig zu einer Kugel formen und in Klarsichtfolie gewickelt mindestens 1 Stunde im Kühlschrank ruhen lassen.

2. Den Teig auf der mit etwas Mehl bestäubten Arbeitsfläche etwa 5 Millimeter dünn ausrollen, rund ausstechen und in die mit der Butter eingefetteten Tortenförmchen drücken. Aus dem restlichen Teig für die Dekoration 24 etwa 1 cm breite Streifen schneiden.

3. Für die Füllung die Butter in einer Schüssel hell schaumig schlagen. Puderzucker, Eigelb, Mandeln, Mehl, Speisestärke und Bittermandelöl unter die Butter rühren. Das Eiweiß mit dem Zucker steif schlagen und unter die Buttermasse heben. Den Backofen auf 170 °C vorheizen.

4. Die Konfitüre auf die Förmchen verteilen, die Buttermasse einfüllen und die Teigstreifen kreuzweise darauf legen. Im Backofen etwa 30 Minuten goldgelb backen. Die Lerchen noch 10 Minuten in den Förmchen stehen lassen, dann aus den Förmchen lösen, sofort wieder umdrehen und auf einem Kuchenrost erkalten lassen.

Sächsische Hefeplinsen

Für 4 Personen

1. Die zerbröselte Hefe in etwas lauwarmer Milch auflösen und kurz stehen lassen. Das Mehl in eine Rührschüssel sieben, in die Mitte eine kleine Mulde drücken und die flüssige Hefe in diese Mulde geben. Mit etwas Mehl bestäuben und abgedeckt etwa 20 Minuten an einem warmen Ort gehen lassen.

2. Dann die Eier mit Zucker, Salz sowie die restliche lauwarme Milch zugeben und zu einem glatten Teig kneten. Abgedeckt weitere 10 Minuten gehen lassen. Aus dem Teig kleine, gleich große Klößchen formen, diese platt drücken. Das Butterschmalz in einer Pfanne auslassen und die Plinsen darin von beiden Seiten goldgelb braten. Die fertigen Plinsen warm servieren und dazu Obstkompott reichen.

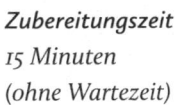

Zubereitungszeit
15 Minuten
(ohne Wartezeit)

Bratzeit
einige Minuten

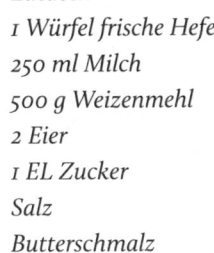

Zutaten
1 Würfel frische Hefe
250 ml Milch
500 g Weizenmehl
2 Eier
1 EL Zucker
Salz
Butterschmalz

Feine Apfelküchlein

Für 4 Personen

I. Das Mehl in eine Schüssel sieben und mit Ei, Salz und Zucker verrühren. So viel Milch dazurühren, bis ein dickflüssiger Pfannkuchenteig entsteht. Den Teig beiseitestellen und 20 Minuten quellen lassen.

2. Die Äpfel waschen, schälen, vierteln und vom Kerngehäuse befreien. Anschließend grob raspeln und sofort unter den Teig heben. Die Rosinen und die Nüsse ebenfalls unter den Teig rühren. Etwas Öl in einer Pfanne erhitzen und mit einem Esslöffel jeweils etwas Teig in das heiße Fett geben. Daraus portionsweise kleine goldbraune Pfannkuchen backen und anschließend auf einem Küchenpapier abtropfen lassen. Pfannkuchen mit etwas Zimtzucker bestreuen und noch warm servieren.

Zubereitungszeit
15 Minuten
(ohne Wartezeit)

Backzeit
3–4 Minuten pro Küchlein

Zutaten
100 g Mehl
1 Ei
1 Prise Salz
1 TL Zucker
etwas Milch
4 Äpfel
2 EL Rosinen
2 EL gehackte Haselnüsse

Außerdem
Öl zum Braten
Zimtzucker zum Bestreuen

Rote Grütze mit Vanillesoße

Für 4 Personen

Zubereitungszeit
25 Minuten
(ohne Wartezeit)

Kochzeit
20 Minuten

Zutaten
Für die Grütze
300 g Himbeeren
300 g Johannisbeeren
150 g Zucker
80 g Grieß
Saft einer Zitrone

Für die Vanillesoße
15 g Speisestärke
500 ml Milch
30 g Zucker
1 Prise Salz
1 Vanilleschote
2 Eigelb

I. Das Obst gründlich waschen, verlesen und abtropfen lassen. Die Früchte in einem Topf langsam zum Kochen bringen, durch ein Sieb gießen, den Saft auffangen und die Früchte beiseitestellen.

2. Den Saft zurück in den Topf geben und mit dem Zucker aufkochen, den Grieß dazugeben und unter ständigem Rühren aufquellen lassen. Das Ganze mit dem Zitronensaft verfeinern, mit dem beiseitegestellten Obst verrühren und in eine mit kaltem Wasser ausgespülte Glasschüssel füllen. Im Kühlschrank kühlen lassen.

3. Für die Vanillesoße die Speisestärke mit etwas Milch glatt rühren. Die übrige Milch mit Zucker und Salz in einen Topf geben. Vanilleschote längs aufschneiden und das Mark herauskratzen und mit der Schote in die Milch geben. Aufkochen, die Speisestärke einrühren und kurz (etwa 1 Minute) kochen lassen. Den Topf von der Herdplatte ziehen und die Vanilleschote entfernen. Etwas von der heißen Soße mit dem Eigelb verrühren, dann das Eigelb in die heiße Soße rühren. Die Rote Grütze in Dessertschalen füllen und mit Vanillesoße servieren.

Bratäpfel in Blätterteig

Für 4 Personen

1. Den Blätterteig aus der Packung nehmen und auftauen lassen. Jeweils 2 Teigplatten an den Längsseiten zusammendrücken und auf einer bemehlten Arbeitsfläche quadratisch ausrollen. Das ergibt insgesamt 4 Teigplatten.

2. Die Äpfel waschen und mit einem Ausstecher aushöhlen. Butter, Zucker und Mandeln in den Apfelaushöhlungen verteilen, und jeweils mit etwas Zimt bestreuen. Je einen Apfel auf eine Teigplatte setzen und die vier Enden der Platten nach oben zusammendrücken.

3. Das Eigelb mit etwas Wasser verquirlen und den Teig damit einpinseln. Die Äpfel in eine Auflaufform setzen und im Backofen bei 180 °C etwa 30 Minuten backen lassen. Die Apfelspeise auf Dessertteller platzieren und mit Vanilleeis oder geschlagener Sahne servieren.

Zubereitungszeit
25 Minuten
(ohne Wartezeit)

Backzeit
etwa 30 Minuten

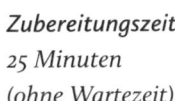

Zutaten
8 Scheiben TK-Blätterteig
etwas Mehl
4 Äpfel (z. B. Boskop)
100 g Butter
1 EL Zucker
80 g geriebene Mandeln
1 Prise Zimt pro Apfel
1 Eigelb

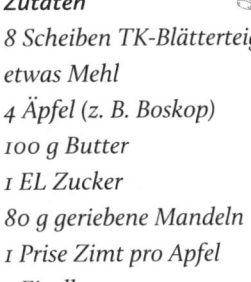

Register

Ebenfalls im Regionalia Verlag erschienen:

ISBN 978-3-939722-10-6

ISBN 978-3-939722-56-4

ISBN 978-3-95540-177-1

ISBN 978-3-939722-72-4

Jeweils 128 Seiten • 16,5 × 19,8 cm • Hardcover